ÜBER DIE AUTORIN

Antanasia Argentum, geboren am 03. Oktober 2003, ist eine deutsche
Dichterin und Schriftstellerin. Sie begann im Alter von 12 Jahren Gedichte
zu schreiben, woraufhin schon bald Kurzgeschichten folgten. Innerhalb von
zwei Jahren hatte sie mehr als 150 Texte – die meisten waren Gedichte –
verfasst. Im Alter von 14 Jahren begann sie in ihrer Heimatstadt Höchstadt
a.d. Aisch an Poetry Slams teilzunehmen und somit ihr Talent und Können
auf einer Bühne zu präsentieren und auf die Probe zu stellen.

TRIGGERWARNUNG

Mord und Totschlag

(psychische) Krankheit

Selbstmord

selbstverletzendes Verhalten

Feuer

Ertrinken

Nadeln

Folter

(dämonische) Besessenheit

Übernatürliches

Sucht

Blut

Wahnsinn

(seelische) Grausamkeit

Angst

Verzweiflung

Verfall

Hass

Szenen auf dem Friedhof

Ich wollte schon immer eine Schriftstellerin sein.

Bibliographische Information der Deutschen Nationalbibliothek:
Die Deutsche Nationalbibliothek verzeichnet diese Publikation
In der deutschen Nationalbibliografie; detaillierte bibliografische
Daten sind im Internet über http://dnb.dnb.de abrufbar.

©2020 Maja Sonja Heubeck
Herstellung und Verlag:
BoD – Books on Demand, Norderstedt

ISBN: 9783751984195

DÄMONISCHE DEKADENZ

IMPULSIVES ICH

EIFERSÜCHTIGER EGOISMUS

BEGEHRENSWERTE BEDROHUNG

LEUTSELIGES LEID

UNANTASTBARE UNTAT

TOLLKÜHNES TALENT

IRRATIONALE IDEE

GEWISSENLOSE GESCHICHTE

EIGENMÄCHTIGE EITELKEIT

NARZISSTISCHE NEUHEIT

VERSCHROBENE VERGANGENHEIT

ERHABENE EINSAMKEIT

RASTLOSE REUE

SINNLOSES SELBST

ENTHUSIASTISCHER EKEL

VORWORT

Es ist schön dich zu sehen. Ich möchte etwas loswerden, bevor Du anfängst zu lesen: Behandle meine Worte mit Sorgfalt; es liegt etwas Persönliches in ihnen. Lies sie, bestaune sie, bedenke sie — aber versuche nie sie zu verdrehen. Sie sind mit Vorsicht zu genießen.

INHALTSVERZEICHNIS

- Soll ich?
- Muss ich?
- Kann ich?
- Will ich?

Kapitel 7: *Die Lieder der Hoffnung*
- Spinnenlilien
- Alles ist schwarz
- Liebe und Leben
- Lichter werden mich führen
- Erbarmungslos
- Nur ein Traum

Kapitel 8: *Die Macht der Angst*
- Der Dämon
- Wasch es ab
- Lasst die Köpfe rollen!
- Katastrophe
- Die Dienerin
- Das Feuer hat die Kinder verbrannt
- Lauf

Kapitel 9: *Die Klingen der Trauer*
- Madame Lilith
- Spinnrad und Silbermesser
- Zwei Freunde
- Vor ihrem Grab
- Die letzte Ruhestätte
- Leben
- Rubys roter Suizid
- Verbitterung

Kapitel 1:

Die Farben des Todes

Der Tod ist nicht immer nur schwarz.
Er kann auch kunterbunt sein.

Rote Äpfel

Rote Äpfel
die hast du geliebt.
Rote Äpfel
in deinen Augen das Beste, was es gibt.

Rote Äpfel
so süß auf der Zunge.
Rote Äpfel
verschlossen deine Lunge.

Rote Äpfel
schmecken so unglaublich gut.
Rote Äpfel
vergifteten dein Blut.

Rote Äpfel
knackig und saftig.
Rote Äpfel
mehr als nur wahrhaftig.

Rote Äpfel
ein köstliches Festmahl.
Rote Äpfel
für dich eine zuckersüße Qual.

Rote Äpfel
immer mehr als nur einen.
Rote Äpfel
bloß keine Kleinen.

Rote Äpfel
dein Kopf wurde leer.
Rote Äpfel
das Atmen wurde schwer.

Rote Äpfel
so viel besser als trockenes Brot.
Rote Äpfel
brachten dir den Tod.

Orangene Stacheln

Orangene Stacheln
bohrten sich durch dein Fleisch.
Orangene Stacheln
von dir gabst du unerträgliches Gekreisch.

Orangene Stacheln
zerrissen deine Haut.
Orangene Stacheln
der Schmerz war dir vertraut.

Orangene Stacheln
vergifteten deinen Leib.
Orangene Stacheln
sind ein schlechter Zeitvertreib.

Orangene Stacheln
bereiteten dir höllische Schmerzen.
Orangene Stacheln
vergifteten schon mehrere Herzen.

Orangene Stacheln
durchdringen einfach alles.
Orangene Stacheln
sind Förderer der Verfalles.

Orangene Stacheln
spitz wie Klingen.
Orangene Stacheln
können an den Rand des Wahnsinns bringen.

Orangene Stacheln
stießen dich in schlimmste Not.
Orangene Stacheln
brachten dir den Tod.

Gelbe Augen

Gelbe Augen
zogen dich in ihren Bann.
Gelbe Augen
starrten dich an.

Gelbe Augen
zerstörten dich.
Gelbe Augen
spiegeln sich.

Gelbe Augen
begehrten dich.
Gelbe Augen
der Zweifel dich beschlich.

Gelbe Augen
wie die Sonne strahlend hell.
Gelbe Augen
bezauberten dich schnell.

Gelbe Augen
durchschauen jeden.
Gelbe Augen
sind schön, darüber müssen wir nicht reden.

Gelbe Augen
ließen dich nicht mehr los.
Gelbe Augen
erscheinen gen Ende so ausdruckslos.

Gelbe Augen
brachen das Verbot.
Gelbe Augen
brachten dir den Tod.

Grüne Pillen

Grüne Pillen
bereiteten dir einen Rausch.
Grüne Pillen
gibt es nur zum Tausch.

Grüne Pillen
zergehen auf der Zunge.
Grüne Pillen
vergifteten langsam deine Lunge.

Grüne Pillen
trieben dich in den Wahnsinn.
Grüne Pillen
zerstören von Beginn.

Grüne Pillen
zerstörten dein Leben.
Grüne Pillen
du konntest nur noch nach dem Rausch streben.

Grüne Pillen
kontrollierten dich.
Grüne Pillen
sind eine Grausamkeit für sich.

Grüne Pillen
stahlen deinen Atem.
Grüne Pillen
gehörten zu deinem Leben im privaten.

Grüne Pillen
brachten dich in große Not.
Grüne Pillen
brachten dir den Tod.

Blaues Blut

Blaues Blut
so süß im Geschmack.
Blaues Blut
viel besser als einfacher Tabak.

Blaues Blut
so kalt wie Schnee.
Blaues Blut
so schön wie die tiefe See.

Blaues Blut
so unglaublich rein.
Blaues Blut
dazu sagst du nicht „nein".

Blaues Blut
so frisch wie der Morgentau.
Blaues Blut
das Beste, das wusstest du ganz genau.

Blaues Blut
macht so unglaublich süchtig.
Blaues Blut
macht einen Teufel tüchtig.

Blaues Blut
belebte dich wieder.
Blaues Blut
ließ dich singen Teufelslieder.

Blaues Blut
brachte dich in große Not.
Blaues Blut
brachte dir den Tod.

Violette Tränen

Violette Tränen
schimmerten auf deinen Wangen.
Violette Tränen
du konntest deine inneren Monster nicht einfangen.

Violette Tränen
fließen aus glanzlosen Augen.
Violette Tränen
du wolltest unbedingt etwas taugen.

Violette Tränen
aus Verzweiflung geweint.
Violette Tränen
ehrlich und ernst gemeint.

Violette Tränen
wie Gift auf deiner Haut.
Violette Tränen
fallen auf das Heidekraut.

Violette Tränen
kalt wie der Tod.
Violette Tränen
bezeugen das Verbot.

Violette Tränen
wie Feuer in deiner Seele.
Violette Tränen
schnitten ab deine Kehle.

Violette Tränen
zeugten von deiner Not.
Violette Tränen
brachten dir den Tod.

Pinke Schneeflocken

Pinke Schneeflocken
fallen vom schwarzen Himmel.
Pinke Schneeflocken
fallen ins Gewimmel.

Pinke Schneeflocken
atmetest du ein.
Pinke Schneeflocken
sind durch und durch rein.

Pinke Schneeflocken
sind durchtrieben.
Pinke Schneeflocken
solltest du nicht lieben.

Pinke Schneeflocken
hattest du im Überfluss.
Pinke Schneeflocken
wurden zu pinkem Regenguss.

Pinke Schneeflocken
du hattest geträumt.
Pinke Schneeflocken
du hattest das echte Leben versäumt.

Pinke Schneeflocken
zu hoch war der Preis.
Pinke Schneeflocken
der Verfall kam ganz leis'.

Pinke Schneeflocken
ließen dich allein in der Not.
Pinke Schneeflocken
brachten dir den Tod.

Weiße Nieren

Weiße Nieren
waren ein Teil deines Systems.
Weiße Nieren
waren ein Teil deines Problems.

Weiße Nieren
zerstörten dich von innen.
Weiße Nieren
du warst völlig von Sinnen.

Weiße Nieren
trieben das Gift in deinen Geist.
Weiße Nieren
keiner weiß, was das verheißt.

Weiße Nieren
trieben dich in den Wahnsinn.
Weiße Nieren
töten von Beginn.

Weiße Nieren
veränderten deinen Charakter.
Weiße Nieren
ließen dich werden abstrakter.

Weiße Nieren
bedeuten Leid.
Weiße Nieren
bedeuten Einsamkeit.

Weiße Nieren
brachten nichts ins Lot.
Weiße Nieren
brachten dir den Tod.

Grauer Regen

Grauer Regen
prasselt auf den Asphalt.
Grauer Regen
schon immer als dunkles Zeichen galt.

Grauer Regen
benetzte deine Haut.
Grauer Regen
es wächst das Heidekraut.

Grauer Regen
rauschte in deinen Ohren.
Grauer Regen
sie dir die Treue schworen.

Grauer Regen
ließ dich brechen dein Versprechen.
Grauer Regen
ließ dich deine Seele rächen.

Grauer Regen
ließ dich ertrinken.
Grauer Regen
ließ dich in der Traurigkeit versinken.

Grauer Regen
vergiftete deine Seele.
Grauer Regen
zerschnitt deine Kehle.

Grauer Regen
brachte dich in bitterste Not.
Grauer Regen
brachte dir den Tod.

Schwarze Blüten

Schwarze Blüten
von unmöglicher Schönheit.
Schwarze Blüten
keines Falls zu sehen weit und breit.

Schwarze Blüten
unglaublich Zart.
Schwarze Blüten
eine seltene Art.

Schwarze Blüten
bringen einen zum Staunen.
Schwarze Blüten
gehörten zu deinen Launen.

Schwarze Blüten
duften wunderbar.
Schwarze Blüten
so unglaublich wahr.

Schwarze Blüten
so dunkel wie die Nacht.
Schwarze Blüten
besitzen eine ungeahnte Macht.

Schwarze Blüten
so bitter wie der Tod.
Schwarze Blüten
sprechen ein Verbot.

Schwarze Blüten
du hattest sie geliebt.
Schwarze Blüten
das Schönste was es gibt.

Schwarze Blüten
wuchsen in der Not.
Schwarze Blüten
brachten dir den Tod.

Kapitel 2:

Die Romanze zwischen Gut und Böse

**Gut und Böse sind keine Feinde.
Sie sind ein Liebespaar.**

Engel und Dämon

Sie hat wunderschönes, rotes Haar
und ein warmes, gutmütiges Herz.
Dieser Engel ist eine Schönheit ganz und gar
und sie nimmt mir jeden Schmerz.

Er hat zerzaustes, schwarzes Haar
und ein kaltes, grausames Herz.
Dieser Dämon ist ein Mörder ganz und gar
und bringt mir jeden Schmerz.

Sie zollt jedem Lebewesen Respekt
und niemand liebt sie nicht.
Sie ist zwar nicht perfekt,
doch sie trägt in dieser grausamen Welt das Licht.

Er zollt keinem einzigen Respekt
und fast keiner hasst ihn nicht.
Auch er ist nicht perfekt,
doch er löscht in dieser grausamen Welt jedes Licht.

Sie sind — wie ihr sicherlich seht — sehr verschieden.
Keiner von ihnen ist böse und keiner gut.
Sie sind auch nicht schwarz und weiß.
Nein, sie sind — wie alle anderen auch — grau.
Beide sind mir geblieben.
Er hat den Mut.
Sie hat den Fleiß.
Ich liebe sie beide, das weiß ich ganz genau.

S i e

Mir bleibt gar nichts mehr
und es schmerzt so sehr,
dass ich jetzt alleine bin.
Mein Leben hat keinen Sinn.

Euch alle hat sie umgebracht
und damit das Höllenfeuer entfacht.
Nicht einmal nach Schlaf steht mir der Sinn,
weil ich nun alleine bin.

Warum hat sie das gemacht?
Euer Tod hat mir nicht mehr als Kummer und Schmerz gebracht.
Ich kann ihren Grund fürs Töten nicht erkennen;
kann ja nicht mal ihren Namen nennen.

Sie brauchte nur ein paar Stunden,
bis sie euch hatte gefunden.
Für sie war das Töten leicht;
doch meine Seele nun einem Scherbenhaufen gleicht.

Sie zeigt niemals Reue
und besitzt sicherlich keine Treue.
Doch trotz dieses Wissens kenne ich ihren Namen nicht.
Allein wegen ihr erlosch das Licht.

Ich kann sie nicht nachvollziehen
und nicht vor meinen Albträumen fliehen.
Mein Leid erscheint unendlich
und ihr Leben erscheint schmutzig und schändlich.

Ich bin schwächer als sie
und finden werde ich sie wohl nie.
Ich werde es wohl nie begreifen
und die Monster werden mich irgendwann in die Tiefe schleifen.

Innerlich bin ich wohl schon lange tot,
doch mein Blut färbt nun den Boden rot,
denn sie hatte mich gefunden
und brauchte keine Stunden.

E r

Mir bleibt jetzt gar nichts mehr
und es schmerzt so sehr,
dass ich jetzt alleine bin.
Mein Leben hat keinen Sinn.

Er hat euch alle umgebracht
und dabei auch noch gelacht.
Nicht einmal nach Licht steht mir der Sinn.
Es war vollkommen klar seit Beginn.

Warum hat er das getan?
Er tötete in seinem Wahn.
Ich kann seine Gründe nicht erklären;
kann ihm ja nicht mal eine Stimme gewähren.

Er brauche keine Stunde,
bis er sah die Wunde.
Für ihn war das Töten nur eine Berührung;
es brauchte nicht mehr als eine Durchführung.

Er zeigte in seinen Augen so viel Reue,
schwor sich selbst keine Treue.
Doch trotz all dem Wissen kenne ich seinen Namen nicht,
allein wegen seinem traurigen Schicksal klärte sich meine Sicht.

Er tut mir fürchterlich leid,
er bräuchte nur ein bisschen mehr Zeit.
Ich weiß, dass er das nie wollte.
Ich weiß, dass ich keine Trauer ihm gegenüber haben sollte.

Ich bin stärker als er
und ich leide so sehr,
weil ich ihm nicht helfen kann.
Er konnte mich nicht ziehen in seinen Bann.

Er muss ein furchtbares Schicksal ertragen
und ich will ihm zur Seite stehen.
Ich denke, ich muss nicht sagen,
dass ich nicht werde gehen.

Das pure Böse

Sie ist das pure Böse.
Du darfst nicht zu nahe an sie herantreten.
Warte einfach, bis ich erscheine und dich erlöse.
Bis das passiert musst du wohl um dein sterbliches Leben beten.

Sie darf dich nicht erwischen.
Wenn doch, weilst du bald nicht mehr unter den Lebenden.
Sie wird dir Lügen auftischen,
um dich zu bezirzen, denn du gehörst zu den Gebenden.

Als Gebender lässt du dir leicht deine Seele nehmen.
Außerdem bist du als Gebender willensschwächer als andere Personen.
Nach dem Prozess wirst du nur noch erkennen Schemen,
bis du verfällst den Dämonen.

Gib auf dich Acht,
sonst ist von dir bald nur noch eine menschliche Hülle da.
Ihre Augen sind so finster wie die Nacht.
Ich fand mich damals wieder in ihrem eisernen Griff, ehe ich mich versah.

Ich entkam ihr nur knapp.
Vernichten konnte ich sie leider nicht.
Meine Zeit lief damals fast ab;
es war ein Wunder, dass sie mir nicht raubte meine Sicht.

Sie ist unberechenbar,
merk dir das.
Ihre Kräfte sind kristallklar
und sie handelt aus blankem Hass.

Es amüsiert sie,
wenn sie jemanden leiden lässt.
Ich frage mich, wer ihr diese Kräfte verlieh...
Achte darauf, dass sie dich nicht hält fest.

Sie ist das pure Böse,
vergiss das bitte nicht.
Halte aus bis ich dich erlöse,
damit du noch schreiben kannst dein schönes Gedicht.

Ich wollte sie nicht töten

Ich wollte sie nicht töten!
Ich wollte *das alles* doch gar nicht!
Das lag wirklich nicht in meiner Absicht.
Doch dann war es auch schon zu spät: In ihren Augen erlosch das Licht.
Ich wollte doch nicht, dass ihr Genick bricht.

Ich wollte sie nicht töten!
Ich wollte *das alles* gar nicht!
Das lag nicht in meiner Absicht.
Doch dann war es zu spät: In ihren Augen erlosch das Licht.
Ich wollte nicht, dass ihr Genick bricht.

Ich wollte sie nicht töten!
Ich wollte *das alles* nicht!
Das war nicht meine Absicht.
Dann war es zu spät: In ihren Augen erlosch das Licht.
Ich wollte nicht, dass ihr Genick bricht.

Ich wollte sie töten!
Ich wollte das so sehr!
Das allein war meine Absicht!
Endlich erlosch das Licht in ihren Augen; sie waren *endlich* leer!
Ich wollte *so sehr*, dass ihr Genick bricht!

Hinfort, hinfort, hinfort mit dir!

Hinfort, hinfort, hinfort mit dir!
Du störst!
Na los, verschwinde!
Du nimmst sie mir!
Dass du das auch hörst!
Ich hoffe für dich, dass ich sie wiederfinde!

Hinfort, hinfort, hinfort mit dir, du Idiot!
Du störst meine Genialität, meine Unfehlbarkeit!
Verschwinde endlich!
Kehre nie wieder zurück! Das ist ein Befehl! Ein Verbot!
Verschwinde mit deiner verdammten Heiterkeit!
Verwische deine Spuren! Mach sie unkenntlich!

Hinfort, hinfort, hinfort mit dir!
Du bist hier fehl am Platz!
Verzieh dich!
Du nimmst sie mir!
Merk dir diesen Satz:
Niemand, absolut niemand, überlistet mich!

Hinfort, hinfort, hinfort mit dir!
Deine Anwesenheit ist nicht zu verzeihen!
Das ist schrecklich!
Verschwinde, bevor ich dich ausradier'!
Verschwinde, bevor ich das Monster muss befreien!
Verschwinde, bevor ich ziehe in deinem Leben einen Schlussstrich!

Hinfort, hinfort, hinfort mit dir!
Du bringst mich um meinen genialen Verstand!
Warum bist du noch hier?!
Flieh, bevor ich befreie das Tier!
Flieh von hier, bevor sich löst das Band!
Flieh von hier, bevor sie auch nehmen dich ins Visier!

Bitteres Ende für einen Mörder

Mir ist so unglaublich kalt.
Meine Tränen erfrieren und tropfen wie kleine Kristalle auf das Eis.
Meine bleiche Haut damals als wunderschön galt,
doch ich wurde gezogen in einen Teufelskreis.

Ich werde das hier nicht überleben;
ich bin hier ganz allein.
Letztendlich muss ich meine Seele geben.
Wenn mich hier jemand findet, werde ich schon längst tot sein.

Ob ich nun hier erfriere oder von jemandem erschossen werde; ist egal.
Meine Taten sprechen Bände,
meine Fehler waren fatal.
Dies hier ist wohl mein bitteres Ende.

Ich habe es nicht anders verdient, glaube ich.
Ich habe vielen unschuldigen Menschen zugefügt Leid.
Allein das spricht doch für sich.
Ich denke, es ist an der Zeit.

Ich bereue alles, was ich jemals getan habe.
Viele unschuldige Geschöpfe starben durch meine Hand.
Viel Schuld ich mit mir trage.
Die Leute hielten nicht umsonst viel Abstand.

Das alles war nicht richtig.
Ich bin nicht „gut".
Mein Leben ist nun nicht mehr wichtig.
Denn jetzt wird fließen mein Blut.

Es ist totenstill.
Ich bin nach wie vor ganz allein.
Auch ich meinen Tod nun will.
Denn am Ende bleibt nur noch übrig mein Gebein.

Mörder und Jäger

Das Blut ist wie Farbe an meinen Händen.
Es schimmert so schön rot.
Das Blatt wird sich niemals wenden.
Er hat uns schon mit dem Tode gedroht.

Waren unsere Fehler wirklich so fatal?
Ich zweifle an meinen Taten.
Die Grenze zwischen richtig und falsch ist manchmal so schrecklich schmal.
Sind wir denn so missraten?

Der Mann mit der silbernen Geige hat uns gedroht.
Wenn wir nicht mit dem Morden aufhören, wird er uns zu Grunde richten.
Wenn wir nicht aufhören, sind wir bald alle mausetot.
Er wird uns alle vernichten.

Wir können nichts gegen unseren Instinkt machen.
Wir müssen töten, um zu überleben.
Aus diesem Albtraum gibt es kein Erwachen.
Wir müssen uns der Kunst des Tötens hingeben.

Doch keiner versteht unser Verlangen,
weil sie es nicht kennen.
Es ist ihnen entgangen,
dass wir dafür brennen.

Wir brennen für unsere Leidenschaft;
wir leben, um andere zu Grunde zu richten.
Das Töten ist nicht nur für die Opfer schmerzhaft,
es wird auch uns vernichten.

Bei jedem Mord hinterlassen wir Spuren,
die nur der Mann mit der Silbernen Geige lesen kann.
Ich höre immer noch die Uhren,
die schlugen, als der Albtraum begann.

Es ist besser, wenn es hier endet,
bevor er mich entdeckt.
Meine Seele wurde schon genug geschändet;
es ist besser, wenn mein Blut jetzt den Boden befleckt.

Kapitel 3:

Die Stimme der Verzweiflung

Die Verzweiflung ist nicht bitter.
Sie ist genauso süß wie Blut.

Ohne Farben, doch voller Narben

Ihre Seele war voller Narben
und ihre Welt war ganz ohne Farben.
Sie war unwiderruflich zerstört,
denn niemand hatte sie erhört.

Sie war schon immer kranker als krank.
Doch es wurde noch schlimmer, als sie im Gedankenmoor versank.
Sie war anders und deshalb immer allein.
Sie sah keinen Sinn; wollte nicht mehr am Leben sein.

In ihrem Herzen war mehr als nur eine Lücke
und sie zerbrach in tausend Stücke.
Sie konnte nirgends Hoffnung sehen
und wollte einfach nur noch gehen.

Wozu sollte sie sich weiter plagen,
wenn doch keiner Antwort geben konnte auf ihre Fragen?
Wozu sollte sie diese Schmerzen ertragen,
wenn doch alle sagen, sie würde nur versagen.

Wozu sollte sie verweilen,
wenn sie mit keinem kann Gedanken teilen?
Jeden Tag aufs Neue hoffte sie zu sterben,
denn ihr Leben war kein Leben, sondern ein düsteres Verderben.

Aus tiefstem Herzen hasste sie das „Leben".
Wozu sollte sie nach etwas Unerreichbaren wie Glück streben?
Immer mehr leidet sie,
doch finden würde sie ihr Glück nie.

Und wieder schnitt sie sich in den Arm,
das fließende Blut war so schön warm.
Der Schmerz ließ sie kurz vergessen;
all das, was sich in ihrer Seele hatte festgesessen.

Frieden und Liebe wurde ihr verwehrt
und Hass wurde ihr beschert.
Sie brauchte keine Worte von anderen Menschen,
denn sie würde schon bald nicht mehr kämpfen.

Keine Sekunde

Immer wieder Taubheit.
Immer schneller vergeht Zeit.
Immer endet sie allein.
Nie will jemand bei mir ihr sein.

Jeden Tag die gleiche Pein.
Jeden Tag im Herz der Stich.
Jeden Tag traurig sein.
Kein Tag der nicht allen anderen glich.

Keine Nacht ohne Blut.
Keine Nacht ohne Grauen.
Keine Nacht ohne Wut.
Jede Nacht ohne Vertrauen.

Jede Stunde böse Worte.
Jede Stunde dummes Getue.
Jede Stunde verdorbene Sorte.
Keine Stunde Ruhe.

Jede Minute trist.
Jede Minute trostlos.
Jede Minute verkürzt sich die Frist.
Keine Minute harmlos.

Jede Sekunde begleitet von Trauer.
Jede Sekunde mehr Herz geben.
Jede Sekunde gefühlte Ewigkeit als Dauer.
Keine Sekunde mehr am Leben.

Oh, Liebste, bitte töte mich.

Ich bin nicht menschlich.
Und ich bin nicht rein.
Ich versetzte dir einen Stich
und ich bewahre keinen schönen Schein.

Ich bin herzlos
und wirklich erbärmlich.
Meine Liebe ist nutzlos
seit der Hass in meinen Körper schlich.

Oh, Liebste, bitte töte mich.

Ich bin bissig
und ich bin nicht gut für dich.
So viel Zeit verstrich
und meine Existenz ist so eine Sache für sich.

Ich bin durch und durch schlecht
und nichts und niemand vermag es, mich zu einer Guten zu machen.
Immer wieder gerate ich durch meine Schuld ins Gefecht
und dann ertönt nur noch das spottende Lachen.

Oh, Liebste, bitte töte mich.

Wenn ich nicht mehr am Leben bin,
dann kann ich niemandem Schaden zufügen.
Mein Dasein hatte noch nie einen Sinn
und wir alle sollten aufhören zu lügen.

Bitte töte mich,
denn dann kann ich frei sein.
Bitte rette dich,
denn dann kannst du frei von Schuld sein.

Oh, Liebste, bitte töte mich.

Sag mir, warum.

Sag mir, warum du mich alleine gelassen hast.
Sag mir, warum ich sterben musste.
Sag mir, warum der Tod war zu Gast.
Sag mir, warum ich das alles nicht wusste.

Sag mir, warum wir scheitern mussten.
Sag mir, warum alles so schief ging.
Sag mir, warum sie von uns wussten.
Sag mir, warum du warst so ein Feigling.

Sag mir, warum du einfach gegangen bist.
Sag mir, warum sie alle sterben mussten.
Sag mir, warum ablief die Frist.
Sag mir, warum sie davon wussten.

Sag mir, warum alles so endete.
Sag mir, warum ich so gelitten habe.
Sag mir, warum er die Auftragsmörder sendete.
Sag mir, warum erschien der verfluchte Rabe.

Sag mir, warum sie das getan haben.
Sag mir, warum ausgerechnet uns das passiert ist.
Sag mir, warum sie mich noch nicht begraben.
Sag mir, warum du jetzt nicht bei mir bist.

Sag mir, warum ich jetzt ganz alleine bin.
Sag mir, warum mir niemand geholfen hat.
Sag mir, warum die Schmerzen mir raubten den letzten Sinn.
Sag mir, warum sich nicht wendete das Blatt.

Sag mir, warum das unser aller Schicksal war.
Sag mir, warum wir alle so zu Grunde gingen.
Sag mir, warum sie kamen in einer Schar.
Sag mir, warum jetzt in der Kirche Chöre singen.

Sag mir einfach warum.

Bloß einen Grund

Gib mir einen Grund
zum Leben.
Gib mir einen Grund
nicht das Gift zu nehmen.

Gib mir einen Grund
zum Weitermachen.
Gib mir einen Grund
zum Lachen.

Gib mir einen Grund
zum Kämpfen.
Gib mir einen Grund
meinen Hass zu dämpfen.

Gib mir einen Grund
zum Lieben.
Gib mir einen Grund
zu trauen den Sieben.

Gib mir einen Grund
zum Verzeihen.
Gib mir einen Grund
nicht zu schreien.

Gib mir einen Grund
zum Schwiegen.
Gib mir einen Grund
nicht die Hölle hinab zu steigen.

Gib mir bloß einen Grund.

Sie sind alle tot

Sie sind alle tot.
Für immer fort.
Der ganze Boden war rot.
Ich hoffe, sie sind nun an einem besseren Ort.

Warum mussten sie mich verlassen?
Warum wurden sie mir genommen?
Warum konnte ich nicht bei ihnen sein und auf sie aufpassen?
Warum können sie nicht einfach wieder zurück zu mir kommen?

Warum mussten ausgerechnet sie sterben?
Sie haben doch nie etwas Böses getan!
Ich muss aufsammeln die ganzen Scherben.
War das alles Gottes Plan?

Warum musste alles nur so schieflaufen?
Warum hätte nicht alles gut sein können?
Ich muss zusammensetzen den Scherbenhaufen.
Warum konnte man uns kein schönes Leben gönnen?

Warum sollte ich eigentlich noch hier verweilen?
Ich habe keinen Grund mehr zu bleiben!
Man kann mich nicht mehr heilen.
Ich muss jetzt nicht mehr lesen zwischen den Zeilen.

Ich will sie wieder bei mir haben!
Ich will, dass sie bei mir sind!
Ich will nicht, dass sie dort liegen; unter der Erde vergraben.
Ich will nicht mehr irren durch dieses schreckliche Labyrinth.

Ich will nicht mehr alleine sein!
Ich will, dass sie wieder leben!
Ich will nicht länger leiden unter dieser Pein.
Warum mussten sie ihr Leben geben?

Warum ist diese Welt so grausam?
Es ist so viel Schmerz in mir.
Warum ist jeder schweigsam,
wenn ich eine Antwort will?

Warum passiert so etwas?
Warum?
Der Boden ist von Tränen nass,
und die Welt ist stumm.

Sie waren so unschuldig,
haben niemandem etwas getan.
Die Zeit zu schnell verstrich.
War das alles Gottes Plan?

Ich will wissen warum!
Warum mussten sie ihr Leben lassen?
Die ganze Welt ist stumm.
Warum konnte ich nicht auf sie aufpassen?

Warum mussten sie sterben?
Ich weiß nicht warum.
Ich muss aufsammeln die ganzen Scherben,
und die ganze Welt ist stumm.

Keiner kann mir eine Antwort geben.
Keiner kann mir sagen warum.
Warum durften sie nicht weiterleben?
Und die ganze Welt ist stumm?

Keiner kann mir helfen.
Ich irre in einem Labyrinth aus Schmerz hin und her.
Warum müssen ihnen diese Grabsteine gelten?
Diese verfluchte Welt ist so verdammt unfair.

Sie waren gute Menschen. Nein, sie waren die besten Menschen, die ich kenne!
Sie haben niemandem etwas getan!
Jetzt sitze ich hier und flenne.
Das war also Gottes Plan?

Warum tut man so etwas?
Warum sterben Unschuldige?
Alles ist von meinen Tränen nass.
Warum verweile ich hier noch als Lebendige?

Wo warst du?

Wo warst du,
als ich dich gebraucht habe?
Wo warst du,
als sie mich trugen zu Grabe?

Wo warst du,
als die Verzweiflung mir die Kehle zuband?
Wo warst du,
als der Tod vor mir stand?

Wo warst du,
als ich die Liebe zur Klinge fand?
Wo warst du,
als meine Hoffnung schwand?

Wo warst du,
als ich nicht mehr weiterwusste?
Wo warst du,
als ich erlitt diese Verluste?

Wo warst du,
als am Ende meine ganze Welt zusammenbrach?
Wo warst du,
als **ich** zerbrach?

Der Ausweg

Meine Welt steht still.
Ich komme nicht vom Fleck.
Doch ich jenes nicht so will!
Ich möchte doch einfach nur weg!

Wenn es nicht anders geht,
werde ich mich eigenhändig umbringen.
Denn die Welt sich nicht mehr für mich dreht.
Vielleicht wird mir meine Flucht ins Jenseits gelingen.

Wenn der Freitod mein Ausweg ist,
dann werde ich ihn gehen.
Bevor es mich von innen zerfrisst,
werde ich das das Jenseits sehen.

Die Monster, die mich jagen,
werden stürzen ins Verderben.
Ich werde nicht am Loslassen verzagen.
Ich werde mit Stolz sterben.

Bevor sie mich in den Wahnsinn treiben
werde ich mir eigenhändig die Kehle durchschneiden.
Ich kann meine schlechten Erinnerungen nicht überschreiben,
doch ich werde auch nicht länger leiden.

Ich nehme das Messer;
setze es an meine Kehle.
Es wird besser
und ich werde befreien meine Seele.

Wie im Kartenhaus

Alles brach für sie zusammen.
Es war wie im Kartenhaus. Eine Karte wird herausgezogen und alles stürzt ein.
Die Zeit mit ihrer Schwester war viel zu schnell vergangen.
Sie will wieder bei ihr sein.

Warum musste sie sterben?
Warum ausgerechnet sie?
Warum musste das Blut ihrer Schwester den Boden rot färben?
Sie konnte immer noch hören, wie ihre Schwester schrie.

Warum musste das passieren?
Ihre Schwester hat sich nie etwas zu Schulden kommen lassen.
Warum musste ausgerechnet sie ihr Leben verlieren?
Warum konnte sie nicht besser auf sie aufpassen?

Wie im Kartenhaus.
Tränen rollten über ihr Gesicht.
Ihr Fehler zog eine Karte heraus.
Fort war von da an das Licht.

Sie sah die Karten fallen.
Sie hielt in den zitternden Händen das Messer.
Konnte ihre Hände gerade noch zu Fäusten ballen.
Wenn sie stirbt, so glaubt sie, wird es besser.

Sie würde wieder zu ihrer Schwester gehen.
Will sich bei ihrer Schwester entschuldigen und versprechen, auf sie aufzupassen.
Sie würde ihre Schwester wiedersehen.
Sie würde ihre Schwester nie wieder alleine lassen.

Ich sitze nur da und warte

Ihre Leiche lag auf dem braunen Laub.
Ich fühlte mich hilflos, so taub.
Sie hat sich umgebracht.
Hat sie nicht gestern noch gelacht?

Ich sitze nur da und warte.

Es ist ein seltsames Gefühl ohne sie zu sein.
Jetzt war auch ich allein.
Ich war wütend, traurig und schockiert zugleich.
Doch es war schon zu spät; sie war nun im Totenreich.

Ich sitze nur da und warte.

Hatte niemandem zum Reden;
konnte mir selbst nicht vergeben;
gab mir die Schuld:
hatte mit mir selbst keine Geduld.

Ich sitze nur da und warte.

Ich starrte die Wand an.
Jede Sekunde kam mir vor wie eine Ewigkeit lang.
Ich erwartete meinen baldigen Tod.
Meine Augen waren schon rot.

Ich sitze nur da und warte.

Das Licht verschwand immer mehr.
Auf dass es nie mehr wiederkehr'!
Ich konnte keine Schatten mehr erkennen.
Konnte nichts mehr als schön benennen.

Ich sitze nur da und warte.

Ich kann spüren wie sich meine Seele von meinem Körper trennt.
Kann spüren wie das Höllenfeuer brennt.
Kann spüren wie mein Körper taub wird
und mein Gedankengang nun frei herumschwirrt.

Ich saß nur da und wartete.

Schreckliche Welt

Wenn du realisierst, dass diese Welt schrecklich ist,
du das ganze Leiden siehst,
du ganz alleine bist,
du vor den Dämonen im Inneren fliehst.

Du verstehst, dass kein Leben sinnvoll ist;
dir nichts mehr Freude macht,
du nur noch traurig bist.
Der Traum des Friedens auf die bittere Wahrheit kracht.

Du dich fragst, warum man leben sollte,
du kannst es nun nicht mehr verstehen.
Doch du verstehst jetzt, warum ich sterben wollte,
glaube mir, es ist besser ins Jenseits zu gehen.

Wenn du dich fragst, was das Leben lebenswert macht,
du wirst nichts finden,
weil in der Welt des Krieges niemand lacht.
Im Jenseits werden all deine Sorgen verschwinden.

Minnegedicht

Schon seit Ewigkeiten suche ich dich,
nun habe ich dich gefunden.
Der Gedanke an dich quält mich,
mein Herz, es ist geschunden.

Mein Herz, es schmerzt, wenn ich dich sehe,
weil du nicht die Meine bist.
Wenn ich dir meine Liebe gestehe,
wird es anders sein als es jetzt ist.

Ich weiß, du liebst mich nicht;
doch das ändert nichts an meinem Empfinden.
Die Liebe trübt meine Sicht
und nichts kann sie unterbinden.

Ich kann so nicht leben.
Der Dolch erstrahlt im Mondlicht;
ich werde mein Leben aufgeben.
Dies ist mein letztes Gedicht.

Wenn unsere Welt nicht so grausam wäre

Wie gerne würde ich dir jetzt in den Hals beißen,
wie gerne dir die Fingernägel herausreißen.
Wie gerne würde ich trinken dein Blut,
wie gerne hätte ich des Bruders Mut.

In unserer tristen Welt gibt es kein Licht,
trotzdem darf ich es nicht.
Ich habe nicht des Bruders Mut;
zu trinken das köstliche Menschenblut.

Unsere Welt ist schon zerstört;
keinem hier noch etwas gehört.
Unsere Hoffnung schon vor Jahren zerbrach,
als man unsere Königin erstach.

Das hier ist kein gutes Ende,
wenn ich doch nur meinen Bruder fände!
Wenn unsere Welt doch nur nicht so grausam wäre,
unsere Königin doch wiederkehre.

Kapitel 4:

Die Töne des Hasses

Der Hass ist es nicht gewohnt zu schweigen.
Viel lieber schreit er.

Dein Leid ist mein Lohn

Ich häute dich und mache eine Tasche.
Ich zerhacke dich und esse dein Fleisch.
Ich fülle deine kostbaren Tränen des Schmerzes in eine Flasche.
Ich genieße dein Gekreisch.

Ich ziehe dir deine Zähne und mache aus ihnen Schmuck.
Ich nehme deine Knochen und baue einen Thron.
Ich nehme von deinem angstverzerrten Gesicht einen Abdruck.
Dein Leid ist mein Lohn.

Aus deinen Fußsohlen mache ich Schuhe.
Ich male mit deinem Blut.
Ich werfe deine verwesenden Reste in eine Truhe,
deine ganze Familie schon dort ruht.

Ich schneide deine Zunge heraus, damit ich mich an deine Stimme erinnern kann.
Ich stopfe mein Kissen mit deinen Haaren aus.
Dein linkes Auge ist mein Talisman.
Ich nahm nur das Beste aus dir heraus.

Folter und Schmerz

Ich werde dir die Augen ausstechen.
Ich werde deine Arme aufritzen.
Ich werde deinen Willen brechen
und dir zum Schluss die Kehle aufschlitzen.

Ich will dich leiden sehen;
deine Schmerzensschreie hören.
Du wirst in die Hölle gehen;
dein letztes bisschen Hoffnung werde ich zerstören.

Ich werde dir die Fingernägel herausziehen;
dir danach eine Schere in die Hand stecken.
Du wirst sicher versuchen zu fliehen,
doch am Ende wirst du elendig verrecken.

Ich werde dich mit Säure verätzen,
dir deine Augenlider verbrennen.
Ich werde auch deinen Geist verletzen,
denn ich werde deinen Körper von deiner Seele trennen.

Sobald ich mein Werk vollendet habe,
werde ich lächelnd vor deiner Leiche stehen.
Nicht ich werde dich tragen zu Grabe,
doch in der Hölle werden wir uns wiedersehen.

Du solltest dich in Acht nehmen

Du hast sie verletzt
und ich habe die Höllenhunde auf dich gehetzt.
Du solltest dich nehmen in Acht,
denn ich werde nicht darauf warten, dass der Teufel spottend lacht.

Ich schleiche auf leisen Sohlen,
denn ich werde dich holen.
In die Unterwelt wirst du gehen,
da hilft es dir nicht, dein Betteln und Flehen!

Ich werde dich suchen und finden,
deinen Körper bis zum Tode schinden.
Ich werde das letzte sein, was du siehst,
denn dann dein Blut schon fließt.

Dein Name steht auf meiner schwarzen Liste,
du wirst verrotten in einer Holzkiste.
Ich werde dafür sorgen, dass es dir leid tut,
denn zum Foltern und Töten habe ich den Mut.

Nichts wird von dir übrig bleiben

Ich werde dich in alle Einzelteile zerfetzen.
Nichts wird von dir übrig bleiben.
Glaube mir, ich werde dich tödlich verletzen.
Ich werde dein Fleisch schneiden in Scheiben.

Deine Haut wird brennen,
du wirst vor Schmerzen schreien.
Du kannst nicht vor mir wegrennen,
deine Seele werde ich entzweien.

Ich werde dich zerschneiden,
dir deine Finger abhacken.
Du wirst leiden,
deine Knochen werden knacken.

Du bist so ein mieses Schwein,
du mieser Dreckssack.
Blutend wirst du sterben allein,
deine Zeit läuft ab, tick tack, tick tack.

Die Schuld begleichen

Ich habe nicht vor dich zu bezirzen;
will ja auch nichts überstürzen.
Kann meine Schuld ja doch nicht begleichen,
denn in meinem Keller liegen Leichen.

Das alles war ja auch nicht schwer,
denn dein Kopf ist ja so oder so total leer.
Du schaust mich abschätzig an,
denn die Geigenspieler zogen dich in ihren Bann.

Wie Gift sind meine Worte,
doch du öffnest die Pforte,
die führt zum Totenreich,
damit ich meine Schuld begleich'.

Witzig, dass dich das alles so trifft;
ich dachte eigentlich, dass du schon bald stirbst an dem Gift.
Hach ja, meine wunderbaren, schaurigen Worte,
sie sind das Gift in deiner kostbaren Weinsorte.

Du verstehst ja nicht einmal, was ich dir sage; so dumm bist du!
Hast dazu noch den dümmlichen Blick einer Kuh.
Du bist so erbärmlich.
Du schaffst es nicht, zu ändern mich!

Tränen der Verzweiflung laufen deine Wangen hinab,
denn deine Zeit wird jetzt wohl ziemlich knapp!
Du wartest immer noch darauf, dass ich meine Schuld begleiche.
Doch wie du weißt, liegt in meinem Keller mehr als nur eine Leiche.

Niemand kann mich aufhalten,
denn ich gehöre zu den Eiskalten.
Niemand kann dich retten,
denn du liegst in schweren Ketten.

Verstehst du eigentlich?

Verstehst du eigentlich, was ich sage?
Oder hörst du mir gar nicht zu?
Weißt du, warum ich mich beklage?
Ich komme einfach nicht zur Ruh'.

Verstehst du eigentlich, was ich meine?
Oder bist du zu einfältig dafür?
Ich bin traurig und alleine.
Glaube mir, ich sage das alles nicht aus Willkür.

Verstehst du eigentlich, was ich empfinde?
Oder hast du nicht genügend Empathie?
Vielleicht wartest du auch bloß auf den Moment, in dem ich verschwinde.
Vielleicht lebe ich auch einfach in einer anderen Galaxie.

Verstehst du eigentlich, was ich denke?
Oder kannst du es nicht nachvollziehen?
Bemerkst du noch, wenn ich meinen Blick senke?
Weißt du, ich will einfach nur noch vor allem fliehen.

Verstehst du, warum ich die Welt so sehe?
Oder kannst du dich einfach nicht in mich hineinversetzen?
Weißt du, warum ich immer schnellstens nach Hause gehe?
Keiner soll mich mehr verletzen.

Verstehst du eigentlich, warum ich die Welt so höre?
Oder kannst du dir das nicht vorstellen?
Tut mir leid, wenn ich dich störe;
doch ich kann mich jetzt nicht stellen den Duellen.

Verstehst du eigentlich, warum ich diese Sachen mache?
Oder ist es für dich nicht klar?
Bemerkst du, wenn ich nicht mehr lache?
Ist es für dich denn denkbar?

Verstehst du eigentlich, warum ich weine?
Oder kannst du meine Tränen gar nicht sehen?
Vielleicht bin ich auch nicht die Eine,
der du willst deine Liebe gestehen.

Verstehst du eigentlich, warum ich zittere?
Oder übersiehst du das?
Weißt du, warum ich auf meinem Lebensweg schlittere?
Du bemerkst das gar nicht, was?

Verstehst du eigentlich, warum mir kalt ist?
Oder ist dir dafür zu warm?
Bemerkst du wie du zu mir bist?
Und doch schlage ich keinen Alarm.

Verstehst du eigentlich, warum ich sterbe?
Oder bist du dafür zu lebendig?
Warte einfach, bis ich mit meinem Blut den Boden rot färbe.
Ich sagte es dir so oft; so deutlich.

Verstehst du eigentlich?

Treue Diener

Treue Diener.
Fragen nicht nach.
Treue Diener.
Ertragen wortlos die Schmach.

Treue Diener.
Sprechen kein Wort.
Treue Diener.
Folgen dir an jeden Ort.

Treue Diener.
Befolgen jeden Befehl.
Treue Diener.
Klauen keinen Juwel.

Treue Diener.
Lästern nicht.
Treue Diener.
Bringen in tiefster Nacht das Licht.

Treue Diener.
Bleiben bei dir.
Treue Diener.
Werden niemals getrieben von Gier.

Treue Diener.
Sahen doch eines Tages rot.
Die einst so treuen Diener.
Brachten dir aus Hass deinen Tod.

Verflucht sollt ihr sein!

Verflucht sollt ihr sein, ihr elenden Schweine!
Ihr habt mir alles genommen!
Ihr glaubt ich lasse mich binden an eine Leine.
Doch dazu wird es nicht kommen.

Verflucht sollt ihr sein, ihr dreckigen Sünder!
Das alles ist eure Schuld!
Die Namen der Toten sind in allen Mündern
und ich verliere meine Geduld.

Verflucht sollt ihr sein, ihr erbärmlichen Missetäter!
Wegen euch sind sie alle tot!
Meine Rache übe ich später
und euer Blut färbt bald den Boden rot.

Verflucht sollt ihr sein, ihr verdorbenen Bauern!
Ich leide wegen eurer Tat.
Ihr sollte im Kerker versauern!
Ich suche keinerlei Rat.

Verflucht sollt ihr sein, ihr verdammtes Drecksvolk!
Mein Leid ist euer Lohn.
Warum stoße ich euch nicht einfach in den Kolk?
Gestoßen habt ihr mich trotzdem nicht vom Thron.

Verflucht sollt ihr sein, ihr verdammten Menschen!
Alles habt ihr zerstört.
Ich werde nicht mehr kämpfen.
Ich sage es nur, damit ihr es auch hört.

Wie ich es hasse.

Ich hasse dich.
Ich hasse es.
Ich hasse mich.
Ich hasse diesen Prozess.

Ich hasse das Leben.
Ich hasse den Frust.
Ich hasse euer Bestreben.
Ich hasse den Verlust.

Ich hasse die Unruhe.
Ich hasse eure Erscheinung.
Ich hasse dieses scheinheilige Getue.
Ich hasse eure „Meinung".

Ich hasse diesen Umgang.
Ich hasse das System.
Ich hasse euren Klang.
Ich hasse das Problem.

Oh, wie ich es hasse.

Wenn er

Wenn er dich verletzt,
breche ich ihn.
Wenn er deine Lippen mit Schande benetzt,
zwinge ich ihn nieder zu knien.

Wenn er dich berührt,
breche ich seine Finger.
Wenn er dich verführt,
werden seine Zähne meine neuen Glücksbringer.

Wenn er etwas anzügliches sagt,
reiße ich ihm seine Zunge heraus.
Wenn er wieder ist auf der Jagd,
reiße ich ihm seine Organe heraus.

Wenn er dir etwas zuflüstert,
ziehe ich ihm seine Haut ab.
Wenn er wieder ist lüstern,
schlage ich ihm sein Haupt ab.

Was willst du?

Was willst du eigentlich von mir?
Du bist ein elender Verräter;
ich will nichts mehr mit dir zu tun haben.
Die Wahl ließ ich dir
und das bereute ich später.
Du schicktest die silbernen Raben.

Was willst du eigentlich noch hier?
Verschwinde doch, du lächerliches Stück Dreck.
Ich hasse dich.
So wie dich damals trieb nur die Gier,
so treibt mich heute der Zweck.
Verraten hast du nicht nur uns; nein, verraten hast du auch dich.

Was willst du eigentlich erreichen?
Verpiss dich, du ehrloser Hund.
Niemand will dich hier noch sehen.
Gnade kannst du gleich streichen.
Halt doch deinen dreckigen Mund.
Du solltest jetzt wirklich gehen.

Was willst du uns noch sagen?
Zieh Leine, du blödes Arschloch.
Wir wollen dich nicht mehr.
Es ist alleine deine Schuld also hör auf zu klagen.
Ich sage es doch,
uns fällt der Abschied nicht im Geringsten schwer.

Was willst du mit deinem verzweifelten Blick bezwecken?
Hau doch einfach ab, du verdammter Lügner.
Du kannst von uns nichts mehr erwarten.
Geh doch einfach verrecken.
Wir brauchen hier keine Betrüger.
Wir würden dir nicht mal die Ehre erweisen und dich begraben in unserem
Garten.

Kapitel 5:

Der Kanon
der Grausamkeit

Die Grausamkeit kriecht lautlos über den Boden.
Sie ist ein Lied ohne Ton.

Ich konnte sie nicht retten

Sehe ich denn für dich unglücklich aus?
Woher willst du meine Welt kennen?
Du kommst ja nicht mal aus deiner Festung heraus!
Du konntest vor nicht allzu langer Zeit nicht mal meinen Namen nennen.

Du kennst mich nicht!
Zumindest nicht richtig...
Ich habe in meinem Leben kein Licht.
Meine Taten sind für die Menschen sehr wichtig.

Ich habe fatale Fehler begangen.
Doch ich habe mehr Gutes als Schlechtes getan!
Sogar die Dorfmusiker meine glorreichen Taten besangen!
Doch für sie war ich nur ein todbringender Schwan.

Ein Schwan,
weil ich von schöner Natur bin.
Todbringend,
weil ich einen schweren Fehler begangen habe.

Für sie zählte nicht mehr das Gute, was ich brachte.
Es zählten nur noch meine Fehler.
Doch ihnen ihr Urteil am Ende doch nur den Tod brachte.
Von Tag zu Tag schauten sie scheeler.

Sie vertrauten mir nicht mehr.
Das brachte ihnen den Tod.
Für sie alle war es schwer,
bis sich färbten ihre weißen Gewänder rot.

Es wäre sicherlich nicht passiert,
wenn sie mir vertraut hätten.
Aber ich glaube, für sie war ich einfach zu kompliziert,
deshalb konnte ich sie nicht retten.

Das Spiel mit dem Feuer

Du bist doch wirklich wahnsinnig!
Das, was du machst, verbirgt eine ungeahnte Gefahr.
Warum tust du das? Sprich!
Ich glaube, dir ist diese Gefahr gar nicht klar.

Das ist ein Spiel mit dem Feuer.
Und ich weiß, dass es tödlich endet.
Mir ist das alles nicht geheuer.
Doch du wirst von dem Bösen geblendet.

Ich kenne dich, du wirst es bis zum Äußersten treiben.
Du bemerkst nicht, dass es dich in einen Teufelskreis zieht.
Doch es wird nicht dabei bleiben.
Doch das ist, was keiner sieht.

Dieses Spiel wird dich dahinraffen.
Ich sehe dein bitteres Ende schon.
Du glaubst, du kannst es schaffen,
doch nur der Tod ist schlussendlich dein Lohn.

Wenn du jetzt nicht aufhörst,
dann kannst du es nicht mehr aufhalten.
Du im schlimmsten Fall uns alle zerstörst.
Danach wird dein Körper nur erkalten.

Ich kann nicht tatenlos zusehen
wie du das Spiel mit dem Feuer genießt.
Du wirst einen schlimmen Fehler begehen,
und wirst schlussendlich zum herzlosen Biest.

Ich flehe dich an!
Beende es hier und jetzt!
Hör doch auf, bevor es dich vollkommen zieht in seinen Bann!
Hör doch auf, bevor es ich innerlich zerfrisst!

Für dich ist es zu spät.
Du bist hoffnungslos verloren.
Du hast nach Gefahr gekräht
und wirst nun in der Hölle schmoren.

Lass mich allein!

Ich bewege mich nicht vom Fleck.
Du sollst mich doch einfach nur alleine lassen.
Geh doch einfach weg!
Ich kann meinen Zorn gar nicht in Worte fassen.

Du solltest doch auf sie Acht geben!
Du solltest für ihr Wohlergehen sorgen!
Du hast versagt und wegen dir ist sie nicht mehr am Leben.
Für sie gab es keinen neuen Morgen.

Schuld an ihrem Tod bist alleine du!
Schuld bist du an ihrem Verderben!
Ihre Kehle war durchgeschnitten im Nu,
wegen deines Versagens musste sie sterben.

Und nun lass mich allein!
Was hast du hier noch zu suchen?
Verstehst du nicht? Ich will alleine sein!
Da bringt es dir jetzt auch nichts, dein ewig währendes Fluchen.

Der Zorn frisst sich durch meine Knochen
und macht mich krank.
Meine Seele ist zerbrochen,
obwohl sie schon vor Jahren auf die tote Ebene sank.

Verschwinde doch endlich!
Lass mich allein!
Allein deine Existenz ist schändlich,
eigentlich solltest du schon längst verreckt sein.

Ich weiß, dass ihr Tod nie deine Absicht war,
und doch ist sie jetzt nicht mehr am Leben.
Deine Lügen sind Lügen und demnach nicht wahr!
Wegen dir musste sie ihr Leben geben.

Nun geh
und lass mich allein!
Dern bevor ich die Hölle seh',
möchte ich noch einen Moment alleine sein.

Der Tanz mit dem Teufel

Jetzt hör aber mal auf zu flennen!
Du wolltest es doch auch!
Für diesen Vertrag musst du eben in der Hölle brennen!
So ist es nun mal Brauch.

Das ist ein Tanz mit dem Teufels
und das wusstest du!
Es war doch völlig klar!
Auch ich entschloss mich dazu;
es ist nun mal wahr!

Es wurde so beschlossen!
Jetzt lässt es sich nicht mehr ändern.
Auch wenn deine Tränen flossen,
so lässt es sich nun nicht mehr ändern.

Das ist ein Tanz mit dem Teufel
und ich war mir sicher, du wüsstest das auch!
Du darfst ihm nicht in die Augen sehen.
Es ist ein alter Brauch,
dass du bei dem Tanz nie bleibst stehen.

Du musst jetzt einfach durchhalten.
Augen zu und durch.
Sonst kannst du dich nie ganz entfalten.
Halte einfach durch.

Das ist ein Tanz mit dem Teufel,
doch du bist nicht stark genug!
Wenn du deine Augen für immer schließt,
dann war es kein Betrug.
Auch nicht, wenn dein kostbares Blut fließt.

Dieser Vertrag bringt dir deinen Tod.
Mir war es klar, doch dir offenbar nicht.
Dein Blut färbt schon den Boden rot;
und in deinen Augen erlischt das Licht.

Porzellanpuppen

Du widerst mich wirklich an.
Du ziehst hübsche, junge Frauen in deinen Bann
nur um dann mit ihnen zu spielen wie mit Porzellanpuppen.
Und wenn du gerade mal keine Lust auf sie hast,
dann stellst du sie einfach in die Glasvitrine in deinem Schuppen.

Offenbar sind dir diese Frauen nicht wichtig genug,
um sie wertzuschätzen.
Dein Charakter ist fürchterlich verdorben.
Doch je höher der Flug,
desto tiefer der Fall.
Man sollte dich zerreißen in Fetzen.
Noch bin ich nicht gestorben.
Noch bin ich ein schleichender Verfall.

Ich werde dir das Herz reißen aus der Brust,
so wie du es bei diesen Frauen getan hast.
An ihnen lebst du noch aus deine Lust,
doch du wirst von so mancher Gestalt gehasst.

Deine Seele ist unrein
und dein Körper getrieben von Lust.
Verrecken wirst du ganz allein.
Denn wenn sich der Bann löst und sie dich durchschauen,
dann sind sie nicht mehr dein.
Bald wirst du keine Herzen mehr stehlen,
denn schon bald wirst du in dieser Welt fehlen.

Ich verstehe dich nicht.
Anstatt nach Liebe zu suchen machst du immer wieder **das**.
Fragst du dich nicht auch, warum du das machst?
Gibt es in deinem Leben kein anderes helles Licht?
Es wundert mich, dass du noch lachst.

Das hier ist nun dein bitteres Ende.
Getötet wurdest du durch meine Hände.
Auch ich war einmal eine Puppe aus Porzellan,
doch längst vergessen ist mein Wahn.

Feuerteufel

Die erbarmungslose Kälte zieht sich durch ihre Glieder.
Der Nebel wabert über die Straße.
Der Wind rauscht durch die Bäume.
Er wünschte ihr zwar süße Träume,
doch sie wusste, sie darf nicht schließen ihre Lider.
Das Feuer will sie schon lange holen zum Fraße.

Sie konnte sich nirgends verstecken.
Er würde sie früher oder später finden.
Sie wollte nie seinen Zorn erwecken,
doch es war nun zu spät.
Ihre Angst wird nicht schwinden,
denn sie hatte die bittere Wahrheit erspäht.

Sie hätte sich nie darauf einlassen sollen.
Doch es war schon zu spät, denn nun jagte er sie.
Der Feuerteufel wird sie bei lebendigem Leibe verbrennen.
Wie konnte sie sich nur einlassen auf diese Partie?
Wie konnte sie seine Gunst nur wollen?

Sie wird verbrennen.
Unaufhaltsam ist ihr Tod.

In ihrem Wahn lief sie ihm entgegen.
Schon lange hatte sie verlassen Gottes Segen.
Verwehrt wurde ihr das Licht,
denn sie sah das Ende nicht.

Der Pakt ist ihr zum Verhängnis geworden.
Er wird sie ermorden.
Es ist ein gefährliches Spiel,
das für sie nicht ist zu gewinnen.
Sie ist des Feuerteufels nächstes Ziel.

Sie gab sich dem Feuer mit Leidenschaft hin,
wie er sie nie zuvor hatte gesehen.
Sie war eine unberührte Göttin,
die einzig und allein er konnte verstehen.

„Lasse dich nie auf einen Vertrag mit dem Feuerteufel ein!",
hatte man ihr schon in jungen Jahren gesagt.
Sie hatte es nie hinterfragt,
bis zu diesem einen Tag,
als sie erfuhr die brennende Pein.

Sie will den Schleier aus Schmerz lichten.
Unaufhaltsam ist ihr Tod.

Er hat das Feuer auf seiner Seite.
Es erstreckt sich in endlose Weite.
Sie ist bloß ein Mensch,
so kurz von Dauer.
Und doch spiegelte sich in seinen Augen die Trauer.

Liebe und Hass sind getrennt durch einen dünnen Draht.
So nah zusammen und doch so verschieden.
Zwischen ihnen steht mehr als nur eine grausame Tat.
Kann geschlossen werden Frieden,
wenn sie doch von der Vergangenheit beherrscht sind?

Sie ist mehr als nur ein einfacher Mensch,
das hatte er erkannt.
Sie ist eine wunderschöne Gestalt
und ihr Geist was blütenrein.
Ihre Haut ist so kalt
wie er es nie könnte sein.

Wollte er wirklich ihr Leben an sich reißen?
In ihr brannte ein nie gekanntes Feuer.
Er konnte nicht gutheißen,
dass sie lebte in dem alten Gemäuer;

gebaut aus Angst und Vorurteil;
angebunden mit einem eisernen Seil.

Sie bleibt stehen;
will nicht weiter gehen.
Die Beute liebt den Jäger.
Er wird sie nicht verschonen,
doch weglaufen wird sich nicht lohnen.

Er hatte sich für den Hass entschieden.
Er durfte diese Liebe nicht zulassen.
Wäre es doch nur von Anfang an bei Hass geblieben!
Er konnte dieses Drama nicht erfassen.
Er muss sie töten,
bevor das alles in einer Katastrophe endet.
Er muss es tun, damit sich das Blatt nicht wendet
und das Licht die Dunkelheit nicht besiegt.

Sie hatte sich für die Hoffnung entschieden.
Sie will dieses Gefühl der Vollkommenheit zulassen.
Sie konnte diese Anspannung nicht erfassen.
Sie will ihn unbedingt sehen
und würde nicht eher gehen.
Doch sie spürt, dass er die Liebe nicht annehmen wird.

Sie will ihn lieben und leben.
Unaufhaltsam ist ihr Tod.

Leise weinte sie ihre Tränen.
Sie wird sterben.
Er wird sie stoßen ins bittere Verderben.
Sie will doch nur lieben und leben.
Sie will doch nur glücklich sein.
Doch im Tode wird sie sein allein.

Er hält seine Zündhölzer in der Hand.
Sie hatte seinen Zorn durch die Liebe erweckt.

Sie soll ihn nicht lieben!
Ihre Strafe wird sie nun erreichen.
Sie schloss mit ihm ein ewig währendes Band.
Doch sie wird bestraft; auch wenn sie sich versteckt.

Es gibt kein Entkommen.
Noch bevor sie seine Stimme vernommen,
erkennt sie, dass er hier ist.
Ihr ist völlig klar,
dass er sie nun wird bestrafen.
Sie schrie, als die Flammen sie trafen.

Sie brannte lichterloh.

Kapitel 6:

Die Fragen
ohne Antwort

Jeder von uns will es wissen.
Doch keine weiß die Antwort.

Darf ich?

Darf ich Dinge hinterfragen?
Darf ich meine Meinung sagen?
Darf ich dich korrigieren?
Darf ich nach Wissen gieren?

Darf ich besser sein als andere Personen?
Darf ich bekämpfen meine inneren Dämonen?
Darf ich weinen?
Darf ich auch mal traurig erscheinen?

Darf ich mich freuen?
Darf ich meine Zweifel zerstreuen?
Darf ich laut lachen?
Darf ich aus meinen Albträumen aufwachen?

Darf ich kritisch sein?
Darf ich zerbrechen den perfekten Schein?
Darf ich mich beschweren?
Darf ich mich selbst auch bekehren?

Darf ich?

Soll ich?

Soll ich Dinge einfach so hinnehmen?
Soll ich ignorieren die Schemen?
Soll ich meine Meinung verschweigen?
Soll ich ihnen mein Wissen zeigen?

Soll ich ignorieren die inneren Dämonen?
Soll ich meine Überlegenheit betonen?
Soll ich die Toten beweinen?
Soll ich immer fröhlich erscheinen?

Soll ich mich freuen?
Soll ich die Gefahren scheuen?
Soll ich meine Heiterkeit zeigen?
Soll ich meine schlaflosen Nächte verschweigen?

Soll ich dich kritisieren?
Soll ich den perfekten Schein verlieren?
Soll ich mich aufregen?
Soll ich tanzen im Regen?

Soll ich?

Muss ich?

Muss ich die Dinge einfach so akzeptieren?
Muss ich mich so lassen dressieren?
Muss ich meine Meinung für mich behalten?
Muss ich meine Persönlichkeit spalten?

Muss ich akzeptieren meine Dämonen?
Muss ich meine Schwächen betonen?
Muss ich die Verluste verstehen?
Muss ich immer glücklich aussehen?

Muss ich Freude zeigen?
Muss ich schweigen?
Muss ich meine Verzweiflung überspielen?
Muss ich erholsame Nächte erzielen?

Muss ich noch Kunstwerke kreieren?
Muss ich nicht irgendwann diesen Schein der Perfektion verlieren?
Muss ich noch darüber nachdenken?
Muss ich ihnen ein Lächeln schenken?

Muss ich?

Kann ich?

Kann ich die Geschehnisse einfach so vergessen?
Kann ich andere Menschen an ihren Leistungen messen?
Kann ich einfach so verzagen?
Kann ich das alles ertragen?

Kann ich ignorieren das Verlangen nach Blut?
Kann ich aufbringen den Mut?
Kann ich mich noch kontrollieren?
Kann ich zeigen meine alten Manieren?

Kann ich noch Gefühle empfinden?
Kann ich mich einfach mit allem abfinden?
Kann ich noch die Angst spüren?
Kann ich dieses Leben noch führen?

Kann ich mich befreien?
Kann ich mir selbst verzeihen?
Kann ich irgendwann glücklich sein?
Kann ich noch länger ertragen diese Pein?

Kann ich?

Will ich?

Will ich diese Dinge hinterfragen?
Will ich ihnen meine Meinung sagen?
Will ich deine Fehler richtigstellen?
Will ich Urteile fällen?

Will ich denn besser sein als andere Leute?
Will ich sein ihre Beute?
Will ich überhaupt weinen?
Will ich immer fröhlich erscheinen?

Will ich mich über Dinge freuen?
Will ich Dinge bereuen?
Will ich diese Dinge ertragen?
Will ich über mein Leben klagen?

Will ich noch empfinden?
Will ich mich an Dämonen binden?
Will ich dieses Leben führen?
Will ich diese Schmerzen spüren?

Wil ich?

Kapitel 7:

Die Lieder der Hoffnung

Ganz leise spielt die Hoffnung ihre Melodie.
Sie war leise — aber sie war trotzdem da.

Spinnenlilien

Du hast diese Blumen geliebt.
In deinen Augen waren sie immer mit Abstand das anmutigste, was es gibt.
So schön und einzigartig.
Immer, wenn ich sie sehe, versetzt es mir einen Stich.

Du selbst warst so wie diese Blumen es sind.
So einzigartig und wunderschön.
Alle sagten immer: „Die spinnt!"
Sie hatten keine Ahnung, doch so waren sie eben; immer fürchterlich
obszön.

Du hattest schon immer ein Auge für die Kleinigkeiten des Lebens.
So wäre mir die Spinnenlilie am Straßenrand nicht aufgefallen.
Dein Blick blieb mir verwehrt und meine Mühe war vergebens.
Du hattest mich immer beruhigt, wenn sich mal meine Fäuste ballen.

Du warst so erfrischend sonderbar.
Du warst nicht wie die anderen; nicht hektisch, nicht urteilend, nicht
schlecht.
Du warst du selbst; ganz und gar.
Du hast dich nicht verstellt. Nein, du warst ganz echt.

Du warst pur und rein.
So rein wie ich es niemals sein würde.
Du warst mein und ich war dein.
Zu groß war für uns keine einzige Hürde.

Du warst so unschuldig und lieb.
Nicht so wie alle anderen Leute.
Für jeden neuen Tag warst du mein Antrieb.
Doch ganz anders ist es heute.

Einer Unschuldigen wurde das Leben geraubt.

Du hattest nie schlechte Absichten.
Doch deine Geschichte ist noch nicht vergessen und verstaubt,
denn bisher gelang es keinem mich zu vernichten.

Das, was jetzt noch an dich erinnert, sind die Spinnenlilien, die in meinem
Garten wachsen.

Alles ist schwarz

Alles ist schwarz.
Über den Boden wabern die dunklen Schleier.
Alles ist verhüllt von tiefster schwärze.
Die dunklen Wesen feiern hier eine Feier.

Alles ist schwarz.
Licht sucht man hier lange.
Doch wird den meisten angst und bange,
wenn sie diesen Weg bestreiten.
Meist lassen sie sich von trügerischem grünen Licht leiten.

Alles ist schwarz.
Die kalten Irrlichter führen sie in den Tod.
Leis', ganz leis' färbt sich der Boden rot.
Man muss in die Dunkelheit gehen,
um diese Welt wirklich zu verstehen.

Alles ist schwarz.
Ich bin in diese Welt getaucht;
habe sie für meine Seele gebraucht.
Nun bin ich ein Teil dieser Welt,
auch wenn euch das nicht gefällt.

Liebe und Leben

Das Leben soll gedeihen,
doch es ist nicht einfach zu verzeihen.
Vergessen kann ich nicht,
denn es nahm mir mein Licht.

Ob das Leben das wollte weiß ich nicht,
denn verklärt war meine Sicht.
Ich weiß nicht, wohin es mich führt
und ich weiß nicht, ob mir Ehre gebührt.

Ich weiß nicht, was meine Liebste jetzt tut.
Doch das Leben vergoss mein Blut.
Ich kann ihre Sprache nicht verstehen
und ihre Gründe nicht sehen.

Ich kann meine Liebste nicht verstehen,
doch kann ich auch nicht gehen,
denn ich liebe sie von ganzem Herzen;
selbst wenn mir das bescherte höllische Schmerzen.

Ich liebe sie.
Ich weiß, das ist verkehrt,
doch meine Sicht ist nicht mehr verklärt.
Meine Sicht ist klar
und meine Liebe zu ihr ist wahr.

Lichter werden mich führen

Ich habe mich im Dunkeln verirrt
und bin so schrecklich verwirrt.
Ich kann hier nichts sehen
und auch nicht gerade gehen.

Ich fürchte mich so sehr
und kann das bald nicht mehr.
Ich bin hier ganz allein
und will hier gar nicht sein.

Doch ich habe noch Hoffnung,
denn ich weiß, dass hier Lichter sind.
Lichter werden mich führen.

Sie leuchten so hell und weiß.
Sie leuchten um jeden Preis.
Sie werden mich sicher hier raus führen,
damit die Kreaturen der Dunkelheit mir nicht die Luft abschnüren.

Diese Lichter werden nicht verschwinden,
solange ich mich nicht an die Dunkelheit will binden.
Diese Lichter werden einen immer finden,
solange man noch Hoffnung hat.

Diese Lichter sind wunderschön und schwerelos.
Sie werden mich zurückbringen,
damit ich ausbreiten kann meine Schwingen,
damit ich nach Hause fliegen kann.

Erbarmungslos

Erbarmungslose Kälte lässt mich frieren.
Meine Haut ist kalt und blau.
Die anderen lediglich nach Macht und Geld gieren.
Dabei ist der Himmel doch schon grau.

Erbarmungslose Hitze lässt mich brennen.
Meine Haut ist heiß und rot.
Ich kann dank den anderen nicht von hier wegrennen.
Dabei ist die Welt doch schon tot.

Erbarmungsloser Regen lässt mich ertrinken.
Meine Haut ist kalt und nass.
Die anderen ließen mich auf die tote Ebene sinken.
Dabei sind die Leichen doch schon blass.

Erbarmungslose Stürme lassen mich zittern.
Meine Haut ist grau und rau.
Die anderen ließen mich zum Höllentor schlittern.
Dabei sind die Menschen doch nicht schlau.

Erbarmungslose Stille erdrückt mich.
Meine Haut ist durchscheinend und kalt.
Sterben ließen sie dich.
Deshalb erfolgte meine Rache bald.

Erbarmungsloses Leben lässt mich sterben.
Mein Körper ist schon kalt.
Stürzen ließen sie mich ins Verderben.
Hoffentlich folgt mein Frieden bald.

Nur ein Traum

Es ist eine kühle Nacht
und ich schlafe noch nicht.
Ich weiß, dass der Mond über mich wacht.
Im Flur entdecke ich ein seltsames Licht.

Ich will es mir näher ansehen,
doch es schwebt einfach weg von mir.
Ich werde dieser Sache auf den Grund gehen,
denn dieses Licht ist sicher nicht zur Zier.

Woher kommt dieses eigenartige Licht?
Mir wird plötzlich ganz kalt.
Ich verliere meine klare Sicht.
Das Licht umhüllt meine ganze Gestalt.

Mein Blut ist wie gefroren.
Die Angst ergreift mich.
Jedes Geräusch dröhnt in meinen Ohren
und die Furcht macht mich bewegungsunfähig.

Das Licht lässt mich fliegen,
ich fühle mich frei.
Doch schon bald werde ich in meinem Bett liegen,
dieser Traum wird bald sein vorbei.

Kapitel 8:

Die Macht
der Angst

**Auch wenn du glaubst, dass du stärker bist:
Wenn sie dich heimsucht, dann lähmt sie dich.**

Der Dämon

Wenn der Dämon dich ergreift,
du keine Macht über das Geschehen hast,
wenn eine leise Stimme wie Wind um deine Ohren pfeift,
und der Dämon sich selbst erklärt zum Gast.

Wenn deine Augen sich schwarz färben,
Blut über deinen Körper läuft;
du wirst stürzen in dein Verderben,
die Zahl deiner Morde sich häuft.

Der Dolch, der einst silbern war, ist nun rot.
Du hörst jede Nacht die Schreie der Menschen, die du getötet hast.
Das Leben in der Hölle dir nun droht.
Deine Schwarze Seele steckt schon viel zu tief im Morast.

Deine Haut ist schneeweiß und eiskalt,
dein Herz schlägt nicht mehr.
Der Dämon hat dich vollkommen in seiner Gewalt
und du fühlst dich leer seit seiner Rückkehr.

Wasch es ab

Wasch das Blut ab,
sonst werden sie es sehen.
Wasch das Blut ab,
sonst wirst du in die Hölle gehen.

Wasch die Schuld ab,
sonst werden sie deinen Namen nennen.
Wasch die Schuld ab,
sonst werden sie dich bei lebendigem Leibe verbrennen.

Wasch den Schlamm ab,
sonst werden sie dich finden.
Wasch den Schlamm ab,
sonst werden sie deine Seele schinden.

Wasch den Ruß ab,
sonst zeigst du ihnen den Weg zu dir.
Wasch den Ruß ab,
sonst erscheinen sie bei mir.

Lasst die Köpfe rollen!

Lasst die Köpfe rollen,
denn das Volk will Blut sehen!
Gib nichts auf Recht und Kontrollen,
lass die Gefangenen zum Schafott gehen!

Wir müssen ihnen geben, was sie verlangen!
Sonst läuft hier alles aus dem Ruder.
Sonst müssen die Reichen um ihre Macht bangen.
Vertrau mir einfach, Bruder.

Wir müssen den Aufstand unterdrücken
und den Reichen die Macht sichern.
Die Köpfe werden bald ihre Wände schmücken.
Wenn du weder reich noch mächtig bist, dann hat man nichts mehr zu
kichern.

Wir müssen sie zum Schafott führen,
damit der Aufstand unterdrückt wird.
Ich weiß, mein Gewissen wird mir irgendwann die Luft abschnüren.
Das Blut der Rebellen wird den Boden küren.

Lasst die Köpfe rollen,
denn das Volk will Blut sehen.
Es ist im Moment egal, was sie wollen.
Sie müssen doch bloß zum Schafott gehen.

Katastrophe

Vom Himmel fallen Tropfen so kalt wie der Tod.
Es ist das, was durch unsere Adern fließt. Es ist Blut.
Die Farbe der Liebe und des Schmerzes, tiefes dunkelrot.
In unseren Herzen glüht noch die Glut.

Leichenteile fallen von dem schwarzen Himmel.
Sie bedecken den ganzen Boden.
Keiner blickt durch das Gewimmel
und die Tiere liegen bei den Toten.

Das Licht ist schon erloschen
und alles endete in dieser Katastrophe.
Das alles nur, weil bei den Menschen nicht schnell genug fiel der Groschen.
So gleich folgt die letzte Strophe.

Die Welt ist zerstört,
weil die Menschen dumm waren.
Fast keiner hat auf die bettelnde Natur gehört
und dann sammelte sich das Unglück zu Scharen.

Die Dienerin

Ich darf seinen Namen nicht sagen,
sonst muss ich die grausamen Folgen ertragen.
Ich darf es nicht darauf ansetzen,
sonst wird er mich verletzen.

Ich muss schweigen,
sonst spielen sie auf den silbernen Geigen.
Ich muss mich um das Leben bemühen,
sonst wird die Blume des Todes wieder erblühen.

Ich sollte nicht hier sein.
Eigentlich sollte ich im Sarg sein allein.
Ich war schon tot;
stieg schon fast in Charons Boot.

Warum nur hat er mich zurück ins Reich der Lebenden gerufen?
Ich höre schon des Geisterpferdes Hufe.
Er ist gefährlich
und ich aus seiner Sicht unentbehrlich.

Er unterwarf uns alle,
lockte mich in eine Falle.
Er ist der Mann mit schwarzem Blut
und ich bin das Mädchen ohne Mut.

Er log mich an,
zog mich in seinen Bann.
Er fing mich ein,
damals ging ihm mein Schrei durch Mark und Bein.

Ich verlor damals mein Leben,
doch er konnte es mir wiedergeben.
Und als ich verlor meine Seele,
schrie ich aus voller Kehle.

Ich kann ihm nicht vergeben,
denn ich wollte nicht mehr leben.
Doch er lässt mich nicht mehr los,
mein Kummer ist groß.

Er wird mich niemals loslassen.
Ich werde Charons Boot verpassen.
Das hier ist mein Verderben,
denn ich kann nicht sterben.

Mit dem Fluch des ewigen Lebens belegte er mich,
an meinem Leid erfreute er sich.
Ich muss auf ewig seine Dienerin bleiben.
Ich muss nun auf ewig leiden.

Das Feuer hat die Kinder verbrannt

Die Gefahr war schon fast greifbar.
Die Hitze schnürte ihnen die Luft ab.
Es war einfach furchtbar.
Ihre Zeit war zu knapp.

Das Feuer hat die Kinder verbrannt.
Es fraß sich zu schnell durch ihre Leiber.
Ihr Leben langsam schwand.
An diesem Tage hörte man nur noch singen einen kleinen Kleiber.

Wenn man an dem abgebrannten Waisenhaus vorbeigeht,
dann kann man ihre hilflosen Schreie hören.
Wie ihr seht
sind es wahre Geschichten; das kann ich schwören.

Das Feuer hat die Kinder verbrannt.
Es vernichtete ihre Seelen.
Doch aus Angst halten die Menschen von diesem Hause Abstand;
das Feuer zerschnitt den Kindern die Kehlen.

Die Leute vergaßen die Kinder.
Es war ihnen egal.
Viele dieser Menschen sind schlecht; das sieht sogar ein Blinder.
Das Feuer war nur für eine kurze Zeit ein richtiger Skandal.

Ich weiß noch genau,
wie ich aus Angst geschrien habe.
Plötzlich war meine Sicht von Rauch ganz grau,
und später trugen uns ein paar Menschen zu Grabe.

Es ist furchtbar traurig,
dass die Menschen uns vergessen haben.
Immerhin unser brennendes Waisenhaus der Hölle glich,
doch jetzt singen für uns nur noch die Raben.

Die Raben sind unsere Begleiter,
denn die meisten Menschen sind nicht gut.
Vielleicht sind wir nicht gescheiter,
doch wir haben genug Mut.

Lauf

Lauf oder ich werde dich verletzen.
Verschwinde schnell von hier,
sonst werde ich dich zerfetzen.
Ich will dir nicht weh tun.
Gleich treibt mich nur noch die Blutlust, die Gier.

Lauf oder du wirst dem Tod begegnen.
Lauf schnell weg von diesem Ort,
sonst wirst du bald das Zeitliche segnen.
Ich will dir keinen Schaden zufügen.
Lauf weg; jetzt sofort!

Lauf oder dein Blut wird fließen.
Lauf und kehre nie wieder,
sonst werden sie mich erschießen.
Ich will dich nicht töten.
Ich will dir nicht zerreißen deine Glieder.

Lauf oder dein Leben wird hier enden.
Eile nach Haus,
sonst werde ich dich schänden.
Ich will dich nicht begraben.
Verschwinde, sonst kommst du hier nicht mehr raus.

Lauf oder du wirst sterben.
Kehre zurück ins Licht,
sonst werde ich dich verderben.
Ich will nicht um dich weinen.
In der Dunkelheit sehe ich nicht.

Lauf oder du wirst hier zu Grunde gehen.
Lauf schnell von hier weg,
sonst wirst du den Tod sehen.
Ich will deinen Tod nicht betrauern.
Ich kann nicht weg von diesem Fleck.

Lauf oder du wirst hier dein Leben lassen.
Eile schnell fort,
sonst wirst du dein ganzes Leben verpassen.
Ich will mir nicht deine entstellte Leiche ansehen.
Ich kann es nicht erklären; du würdest es nicht verstehen.

Lauf oder dein Leben wird hier vergehen.
Lauf an einen sicheren Ort,
sonst bleibt der Sensenmann bei dir stehen.
Ich will deinen toten Körper nicht.
Bitte lauf weg; und das sofort!

Kapitel 9:

Die Klingen der Trauer

Die Trauer zerschneidet dein Herz, die Klingen deine Haut. Doch welcher Schmerz ist schlimmer?

Madame Lilith

Ein junger Mann kam einmal zu einem alten Turm.
Er glaubte, er habe einen ähnlichen schon einmal in einem Buch gesehen.
Er spürte, dass bald aufziehen würde ein Sturm,
doch er wollte keinesfalls gehen.
Er sah nach oben
und erblickte eine junge Frau mit schwarzem Haar.
Sie blickte zu ihm herunter, denn sie stand ganz weit droben;
ihre Schönheit war nicht begreifbar.
Es vergingen ein paar Augenblicke bis er fragte:
„Wer seid Ihr?"
Hier ist, was die junge Dame sagte:
„Mein Name ist Madame Lilith
und wie Ihr sehen könnt,
lache und lebe ich nicht."
Der junge Mann fürchtete sich
und lief zurück in das kleine Dorf.
Ein alter Dorfbewohner forderte sogleich: *„Junge, was sahst du? Sprich!"*
Er begann zu berichten:
„Ich sah eine junge Frau,
hoch oben in einem Turm.
Sie hatte langes, schwarzes Haar
und ich fürchte, sie ist ein Dämon aus der Hölle,
denn sie sagte, sie lebe nicht!"

Schnell sprach es sich im Dorf herum
und die Leute nahmen Mistgabeln und Fackeln zur Hand.
Sie würden diesen Dämon aus der Hölle zu Grunde richten!
Die Leute wussten auch warum:
Sie musste werden verbrannt,
bevor sie könnte Unheil anrichten!
Die Dorfbewohner machten sich zu jenem Turm auf.
Sie sahen die Dame
und fürchteten sich.

Sie blickten direkt zu ihr herauf,
und ein Dorfbewohner fragte: *„Wie ist dein Name?"*
Hier ist, was die Dame sagte:
„Mein Name ist Madame Lilith
und wie Ihr sehen könnt,
lache und lebe ich nicht."
Die Leute wussten, was sie mit ihren Worten meinte:
Sie war – da waren sie sich einig – ein Dämon aus der Hölle!

Der junge Mann weinte,
denn ihm wurde bewusst,
dass sie kein Dämon war.
Nun war ihm klar,
dass sie eine einsame Seele war.
Doch es war schon zu spät!
Die Dorfbewohner hatten ihr langes Haar mit Feuer entflammt
und es würde bald auch sie verbrennen!
Er konnte ihr nicht helfen,
egal wie sehr er es sich auch wünschte.
Sie war eine Unschuldige
und wurde zu einem schrecklichen Ende verdammt.
Er konnte nur noch zu ihr blicken
und rufen:
„Madame Lilith, bitte verzeiht mir!"
Hier ist, was ihre letzten Worte waren:
„Mein Name ist Madame Lilith
und wie Ihr sehen könnt,
lache und lebe ich nicht."

Spinnrad und Silbermesser

Ich bin zum Sterben hierher gekommen.
Das Spinnrad des Schmerzes spinnt immer weiter.
Immer weiter trieb es mich in den Tod.
Sie sind gekommen, um sich in meinen Schmerzen zu sonnen.
Mit meinen Schmerzensschreien lockte ich die verfluchten Höllenreiter.
Die Höllenreiter mit ihren Mänteln, die ganz getränkt sind in Rot.

Das Spinnrad bleibt stehen,
wenn ich sterbe.
Wenn ich es weiterspinnen lasse,
dann werde ich bald schon den Teufel sehen.
Ich verderbe
und werde vielleicht Charons Boot verpassen.

Meine Zeit ist abgelaufen.
Ich werde sogleich das Zeitliche segnen.
Ich werde es mit dem Silbermesser beenden.
Ich könnte noch so viel Gift saufen,
doch nur durch ein Silbermesser kann ich dem Tod begegnen.
Sie können meine Seele nun nicht weiter schänden.

Zwei Freunde

Er vermisste seine beste Freundin,
die beiden waren unzertrennlich.
Zusammen machten sie immer Blödsinn
und ihre Freundschaft war unvergänglich.

Die beiden dachten, sie könnten zusammen alles schaffen,
die größten Hindernisse bezwingen.
Sehr oft machten sie sich zum Affen,
sie dachten, ihnen könnte alles gelingen.

Doch auch die beiden lebten nicht ewig,
denn jeder Mensch stirbt einmal.
In jener Nacht war es neblig.
Ihr Fehler war fatal.

Man fand ihre Leiche im Wald,
ihr Körper war eiskalt.
Der Grabstein nun ihr galt,
doch sie war noch nicht alt.

Vor ihrem Grab

Er hatte diese schreckliche Tat nicht begangen.
Er hatte sie nicht erstochen.
Die Zeit mit ihr war viel zu schnell vergangen.
Ihm blieben jetzt nur noch ihre Knochen.

Er hatte sie geliebt.
Sie war so eine kluge Dame.
Er hatte gehofft, dass sich mehr als nur Freundschaft ergibt.
Sie war mehr als nur ein Name.

Sie hatte ein herzförmiges Gesicht,
Augen wie Jade,
eine Seele so hell wie Sonnenlicht,
eine Stimme so süß wie Erdbeermarmelade.

Jetzt stand er da.
Vor ihrem Grab.
Er war dem Tod noch nie so nah.
Er war erleichtert, als er dem Sensenmann seine Seele gab.

Die letzte Ruhestätte

Leise schritt sie über die letzte Ruhestätte der Toten,
hier konnte sie klar denken.
Sie wollte entgehen den Idioten,
die dort draußen das Weltgeschehen lenken.

Sie sah sich die Grabsteine an,
rechnete manchmal aus wie lange sie gelebt hatten.
Keine Name ihr entrann.
Auf einem Grab saß eine Ratte.

Ein Rabe krähte,
sie lauschte diesem wundervollen Laut.
Hier war das Grab, auf das sie einst Samen säte.
Durchsichtig war ihre Haut.

Sie war schon immer eine Schweigsame,
betrachtete nun die blauen Blümlein.
Auf diesem Grabstein stand ihr Name.
Auf ewig gemeißelt in Stein.

Leben

Es fühlt sich an als würde man ertrinken.
Mein Herzschlag ist so laut.
Warum musste ich so weit sinken?
Mein Körper ist schon längst taub.

Ich bin so traurig und allein.
Meine Tränen sind schon aufgebraucht.
Eigentlich sollte ich schon längst im Jenseits sein.
Meine Erinnerungen sind schon längst verraucht.

Ich kann die Fäden schweben sehen.
Sie sind weiß, leicht und schimmern.
Ich möchte zurück ins Diesseits gehen.
Ich will meine furchtbare Situation nicht noch verschlimmern!

Ich will wieder leben!
Warum kann man mir nicht vergeben?
Ich habe Luzifers Segen,
doch man wird mir mein Leben nicht zurückgeben.

Rubys roter Suizid

Ruby hatte es wirklich satt!
Diese Welt ist herzlos, schrecklich und kalt!
Kalt und grau war selbst ihre Heimatstadt.
Außerdem bietet ihr in dieser Welt nichts und niemand Halt.

Was sollte sie also noch hier?
Sie könnte genauso gut verschwinden.
Die Menschen werden doch so oder so nur getrieben von Gier.
Doch warum sollte sie sich damit abfinden?

Ruby wollte ihnen in Erinnerung bleiben.
Sie wollte das Mädchen mit dem roten Suizid sein.
Sie würde sicherlich keinen Abschiedsbrief schreiben.
Schlussendlich, dachte sie, *sterbe ich doch so oder so allein.*

Sie liebte die Farbe Rot,
denn diese hatte so viele Seiten.
Sie beschrieb Liebe, Leidenschaft, Blut, Verlust und gleichzeitig auch den Tod.
Diese Farbe gehört einfach zu den wenigen Wahrheiten.

Ruby scheute keine Mühe,
denn es sollte ein ganz besonderer Suizid sein.
Ruby fragte sich, ob dann eine rote Rose für sie blühe,
wenn sie stirbt ganz allein.

Ruby war sich sicher:
Als Lebende war sie niemandem aufgefallen; sie war bedeutungslos.
Doch die Menschen wurden mit jedem Tag abscheulicher.
Doch im Tode würde Ruby sein groß.

Rote Farbe war wichtig.
Ruby war ganz getaucht in Rot.
Das war richtig.
Sie war bereit für den Tod.

Rote Haare, rote Nägel, rotes Kleid, roter Hut.
Der Dolch schimmerte im Mondlicht.
Sie fasste den Mut,
und in ihren Augen verschwand das Licht.

Verbitterung

Sie spiegelt sich in meinen Augen
und wird mir den letzten Rest Leben aussaugen.
Die Verbitterung vergiftet meinen Wein
und ich will nicht mehr alleine sein.

Wenn Traum auf Realität kracht
und es mich traurig macht,
dass er sie alle hat umgebracht.
Und dabei hat er auch noch gelacht!

Sie sitzt tief in meinem Herzen
und bereitet mir dort Schmerzen.
Nachts zünde ich an weiße Kerzen;
in der Hoffnung, im Licht wäre mein Leben zum Scherzen.

Die Verbitterung macht mich lahm
seit dem Punk, an dem er in mein Leben kam.
Ich kann sie nicht aufhalten;
ich kann meine Gefühle nicht ausschalten.

Die Verbitterung schnürt mir meine Kehle ab,
und ihre Zeit war viel zu knapp.
Die Verbitterung frisst sich durch meine Knochen,
und meine Seele ist zerbrochen.

Die Verbitterung lastet auf meinem Herzen schwer wie Blei.
Und ganz egal wie laut ich schrei',
ich werde in Ketten gefangen sein;
versunken in Verbitterung und ganz allein.

Die Verbitterung ist das Gift,
das mir den Tod beschert.
Doch egal wie sehr mich der Tod trifft,
ich habe ihn schon immer verehrt.

Bitte sei bei mir, wenn ich sterbe

Bitte sei bei mir, wenn ich meinen letzten Atemzug vollbringe.
Sei in meinem letzten Moment an meiner Seite.
In dem Moment, in dem ich den Tod nicht erneut bezwinge.
In dem Moment, in dem ich betrete die endlose Weite.

Bitte sei bei mir, wenn ich meine Augen für immer schließe.
Sei in meinem letzten Moment bei mir.
In dem Moment, in dem ich mich den anderen Seelen anschließe.
In dem Moment, in dem ich in das Licht spazier'.

Bitte sei bei mir, wenn mein Körper erkaltet.
Sei in meinem letzten Moment bei mir.
In dem Moment, in dem sich meine Seele entfaltet.
In dem Moment, in dem ich finde ein neues Quartier.

Bitte sei bei mir, wenn ich meinen Körper verlasse.
Sei in meinem letzten Moment an meiner Seite.
In dem Moment, in dem ich das ganze Wissen erfasse.
In dem Moment, in dem ich noch einmal ein altes Abenteuer bestreite.

Bitte sei bei mir, wenn ich mich nicht mehr bewege.
Sei in meinem letzten Moment an meiner Seite.
In dem Moment, in dem ich gehe neue Wege.
In dem Moment, in dem ich schon längst bin eine Todgeweihte.

Bitte sei bei mir, wenn ich sterbe.
Sei in meinem letzten Moment bei mir.
In dem Moment, in dem du erhältst mein Erbe.
In dem Moment, in dem ich nur noch lebe auf dem Papier.

Bitte sei einfach bei mir, wenn ich sterbe.

Keine Angst

Ich habe keine Angst.

Das hast du mir immer wieder gesagt;
doch es war eine Lüge.
Crowley hat nach dir gefragt.
Ich habe ihm die Wahrheit gesagt, weil ich mich nicht den Lügen füge.

Er vermisst dich
und ich schiebe die ganze Schuld auf mich.
Ich konnte dich nicht beschützen,
deshalb sammelte sich dein Blut auf dem Boden zu Pfützen.

Crowley hat geweint,
als ich erzählte, dass du nicht mehr am Leben bist.
Ich habe nicht verneint,
als er fragte, ob dahinter noch mehr ist.

Du hattest Angst um dein Leben
und wolltest es noch nicht hergeben.
Es ist furchtbar paradox, denn du fürchtetest den Tod und wolltest ihn so sehr.
Ich weiß, dir dein Leben selbst zu nehmen fiel dir furchtbar schwer.

Doch nach den ersten Schnitten gab es kein zurück.
Du hattest in deinem Leben nur wenig Glück.
Ganz alleine warst du.
Deine Pulsadern waren durchgeschnitten im Nu.

Ich habe keine Angst.

Ja, das hast du immer wieder gesagt.

Sag Tante Ann

Sag Tante Ann, dass ich nicht werde wiederkehren,
und schenke ihr einen Korb voll Beeren.
Sie soll sie mit Genuss verzehren.
Sag ihr, ich werde unsere Familie nicht entehren.

Sag Tante Ann, dass ich sie getötet habe.
Nur leben wird der Knabe,
der ihnen entkam.
Sag ihm, er solle sich nicht hüllen in Gram.

Sag Tante Ann, dass sie sich nicht fürchten muss.
Ich habe mir gestohlen des Todes ersten Kuss.
Ich musste schnellstens gehen
sonst hätten sie es gesehen.

Sag Tante Ann, dass sie sich vergeben muss.
Das alles ist nicht ihre Schuld.
Leben werde ich zum Schluss.
Sag ihr, dass ich dankbar bin für ihre Geduld.

Sag Tante Ann, dass ich ihr werde schreiben.
Sie soll nicht denken, dass ich sie nicht mehr liebhabe.
Aber ich bringe sie in Gefahr, denn meine Kraft ist eine tödliche Gabe.
Ich musste fliehen; ich konnte dort nicht bleiben.

Kapitel 10:

Das Gift der Rache

Du willst deinen Feind vergiften.
Doch die Rache wird dich vergiften.

Eine Tragödie

Meine Geschichte ist eine Tragödie.
Sie hat nichts von einer Komödie.
Sie ist traurig und erzählt vom Tod und meinen Schmerzen.
Sie erzählt von meinem kaputten Herzen.

Meine Liebe zu dir tut mir weh,
weil ich nicht mehr klar seh'.
Doch ich versuche meinen Weg zu gehen; unter Schmerzen und blind.
Ich weiß, dass deine Gefühle für mich nicht dieselben sind.

Ich war euch allen egal,
doch euer Fehler war fatal.

Die Engel haben mich aufgeschlitzt,
damit mein Totengewand auch richtig sitzt.
Du hast wirklich geglaubt, tot sei ich dir von Nutzen,
doch mein dunkelgrünes Blut ließ dich stutzen.

Ich lachte, als mein Blut über meinen Körper rann.
Ich wusste, dass ich mich endlich rächen kann.
Oh, beim Teufel, wie erbärmlich du doch bist!
Ich hoffe, dass die Erkenntnis dich innerlich zerfrisst.

Sicherlich ist dir klar,
dass ich bin mehr als nur sonderbar.
Doch niemals solltest du einen Dämon reizen,
denn diese werden niemals mit den Schmerzen geizen.

Die Rache der Alice Folton

Jeder kannte den Namen Folton.
Eine Familie mit einem Hund namens Bolton.
Doch jene Geschichte ist keine fröhliche.
Fast die ganze Familie wurde ausgerottet.
Zudem von den Mördern auch noch verspottet.
Es brauchte nicht mehr als ein paar Messerstiche.
Nur die Tochter Alice blieb am Leben.
Der Hund, die Eltern und die Schwester waren tot.
Deshalb sah Alice schon lange rot
und schwor, sie würde nach Rache streben.
Sie erschuf Messer,
perfektionierte Handgriffe, machte es besser.
Alice würde den Schändern Leid bescheren,
dann würden sie um den Tod betteln; ihn sogar begehren.
Sie würde keine Gnade walten lassen;
sie würde ihnen beim Sterben zusehen.
Sie kann ihren unbändigen Hass nicht einmal in Worte fassen.
Doch sie wusste: Die Mörder würden in die Hölle gehen!

Sie hatte die Schänder gefunden
und Alice würde sie leiden lassen.
Ihre Körper werden schon bald erblassen.
Alice brauchte nur wenige Stunden.
Ein schneller Tod kam nicht in Frage.
Sie *müssen* leiden!
Die Mörder waren eine einzige Plage.
Sie wird sie in die Hölle treiben.
Sie wird sie gezielt stürzen in ihr Verderben.
Sie alle werden sterben.
Alice bekommt ihre Rache und kann dann in Frieden leben.
Dann muss sie sich nicht mehr den Albträumen hingeben.

Alice hatte sie umgebracht,
damit ihre Familie gerächt ist.
Die Schuld sie nun nicht mehr krank macht,
und ihr Zweifel sie nicht mehr zerfrisst.

Schwur der Vergeltung

Ich wollte dich beschützen.
Was nützt dir nun mein Schutz?
Dein Blut zerfloss zu Pfützen.
Zurück blieb nur der Schmutz.

Du wurdest deines Lebens beraubt.
Ich weiß nicht, was ich tun soll.
Dir wurde deine Seele geraubt
und nun hege ich meinen Groll.

Ich habe ihnen Vergeltung geschworen.
Sie werden leiden.
Ich habe dich verloren
und dafür werde ich ihre Seelen in die Hölle treiben.

Sie haben dich mir genommen.
Ich werde sie eigenhändig vernichten.
Mit dir an meiner Seite war ich besonnen,
doch jetzt werde ich sie alle zu Grunde richten.

Ich werde dich rächen.

Deine Macht

Du gehst durch den Wald.
Der Wind fährt durch deine Knochen.
Die Luft ist klirrend kalt.
Du wirst leben; es wurde dir versprochen.

Doch wenn die Schatten nach dir greifen
hast du keine Chance.
Sie werden dich in die Unterwelt schleifen.
Nur sie halten zwischen den Welten die Balance.

Sie brauchen deinen Körper, um ihre dunkle Welt zu retten.
Sie brauchen frisches Fleisch, Knochen und Blut.
Sie werden dich legen in Ketten.
Mehr als einer dort unten ruht.

Du wirst sterben.
Das Versprechen wurde gebrochen.
Doch auch die Schatten werden stürzen in ihr Verderben,
das hast du ihnen versprochen.

Bald werden sie vor dir niederknien,
du wirst sie dazu zwingen.
Auch wenn sie versuchen zu fliehen,
sie werden sich nicht wehren können gegen die Schlingen.

Sie werden nach und nach verschwinden,
so als wären sie nie da gewesen.
Niemand kann deine Macht unterbinden,
denn nur du kannst du schwarzen Bücher lesen.

Du wirst die Schatten alle vernichten.
Sie haben es nicht anders gewollt!
Der Vorhang aus Asche wird sich lichten,
das Glück ist dir diesmal hold.

Du wirst sie in deine Gewalt bringen;
niemand kann dich besiegen.
Du kannst jeden bezwingen,
sie werden nie wieder frei herumfliegen.

Die Geigenspieler

Ich bin alleine gelassen worden.
Die mit den silbernen Geigen könnten mich ermorden.
Es ist so unglaublich dunkel und kalt hier.
Die mit den silbernen Geigen werden getrieben von ihrer Gier.

Getrieben von Gier
erschienen sie hier.
Sie brachten den Tod.
Der Boden und die Wände sind jetzt blutrot.

Es ist riskant,
die Seelen der Geigenspieler wurden noch nicht verbannt.
Noch spielen sie ihr Todeslied in Moll,
doch ich hege großen Groll.

Ich werde mich rächen,
alle erdenklichen Regeln und Gesetze brechen.
Ich werde ihr Volk und ihre Gier nach Menschenfleisch vernichten,
sie alle zu Grunde richten.

Vielleicht ist es riskant,
doch am Ende werden ihre Seelen doch noch verbannt.
An einen Ort jenseits der Zeit.
Sie sind es sicherlich nicht, doch ich bin bereit.

Rache und ein Versprechen

Mach dir keine Sorgen,
er kann dir keine Schmerzen mehr zufügen.
Schließlich ist es schon fast morgen.
Vertrau mir, ich werde dich niemals belügen.

Wenn es ist dunkelste Nacht,
du schreckliche Angst hast,
der schwarze Engel über dich wacht,
dann wird deine Furcht sein verblasst.

Du glaubst,
er könnte dich finden.
Ich will es dir erklären, wenn du erlaubst,
du irrst, denn er könnte die Angst vor mir nicht überwinden.

Ich passe auf dich auf,
fürchte dich nicht!
Ich nehme seinen Tod in Kauf,
denn wie du weißt, ist das meine Pflicht.

Er fürchtet den Schmerz,
doch ich fürchte mich nicht.
Er hat das schwarze Herz,
doch ich habe eine klare Sicht.

Ich habe keine Angst vor einem Mann mit schwarzem Herzen,
es ist so jämmerlich!
Ich werde ihn spüren lassen echte Schmerzen,
du siehst, ich werde ihn verletzen, nicht er mich.

Ich weiß, du hast Angst, dass mir etwas passiert,
doch ich werde wohl auf sein.
Schließlich werde ich doch von meinen toten Soldaten flankiert,
und er ist ganz allein.

Diese Schlacht werde ich gewinnen,
er wird mit seinem Leben bezahlen.
Keine Sorge, ich bin nicht von Sinnen.
Ich verspreche dir, er wird erleiden Höllenqualen.

Geschieht ihm Recht, bei dem, was er getan hat.
Er wird dafür leiden.
Da würde ich doch glatt sagen: „Schachmatt!"
Schade, dass er damals nicht zwischen Recht und Unrecht konnte
unterscheiden.

Das, was er dir angetan hat, war nicht seine einzige schlechte Tat,
doch ich werde nicht alle nennen.
Du suchtest damals meinen Rat.
Ich verspreche dir, seine Seele wird in der Hölle brennen.

Er verdient diese Qualen,
denn er hat nichts Gutes getan.
Dafür muss er nun bezahlen,
das war von Anfang an mein Plan.

Du bist zu gut für ihn.
Zu hübsch, zu schlau, zu gerecht.
Egal wie nett er dir am Anfang auch erschien,
am Ende war er doch nur schlecht.

Mein Werk wird bald vollkommen sein,
dieses bittere Ende verdient er.
Trotz meines Abschieds bist du nicht allein,
wenn du mich brauchst, rufe mich und warte bis ich wiederkehr'.

Verlorene Seelen

Wir sind verlorene Seelen,
Schattenwesen.
Wir konnten unser Schicksal nicht wählen,
wir können die Gedanken der Sterblichen lesen.

Wir sind Geschöpfe der Dunkelheit,
kein Schmerz kann uns erreichen.
Niemand bot uns Geleit,
der Tod stellte unsere Weichen.

Die Sterblichen haben uns vergessen,
doch unsere Macht ist nicht klein.
Wir haben uns schon mit Dämon gemessen,
bald werden wir mächtiger als der Tod sein.

Für die Sterblichen waren wir nicht mehr wichtig,
keiner von ihnen kennt unsere Namen.
Unsere Taten waren Null und nichtig,
doch für euch gibt es nun kein Erbarmen.

Die Sterblichen kennen ihre Zukunft noch nicht;
wir sind so kalt.
Wir haben hier unten kein Licht.
Unter unserer Herrschaft werden die Sterblichen nicht mehr alt.

Wir werden in die Welt der Sterblichen zurückkehren;
wir werden ihnen zeigen, was wahrer Schmerz ist.
Wir werden sie das Fürchten lehren,
abgelaufen ist ihre Frist.

Wir werden sie in unsere Gewalt bringen,
es gibt kein Entrinnen.
Ihre Versuche zu fliehen würden ihnen nicht gelingen;
mit dem Schritt durch das Portal wird unsere Herrschaft beginnen.

Kapitel 11:

Die Tragik der Treue

**Die Treue hält dich fest.
Doch was, wenn du hintergangen wirst?**

Kaputte Flügel

Sie sind nicht mehr zu gebrauchen so kaputt wie sie sind.
Fliegen kann ich mit ihnen schon lange nicht mehr.
Ich bin für das Schöne in der Welt blind
und ich vermisse es so sehr.

Mit kaputten Flügeln kann man nicht fliegen;
das musste ich schmerzlich erfahren.
Ich kann das alles nicht mehr geradebiegen,
denn Schmerzen und Schuld sammeln sich in meinem Kopf in Scharen.

Ich wünschte, es gäbe eine Heilung für mein Leiden.
Doch das alles erscheint mir sinnlos und unmöglich.
Ich will mir nicht weiter ins eigene Fleisch schneiden,
doch das Wissen, dass das nicht möglich ist, versetzt mir einen Stich.

Ich will leben
und ich will Liebe geben.
Doch ich weiß nicht wem,
denn mich jemandem näheren kann ich nicht; die Angst ist mein Problem.

Ich will geliebt werden.
Jeder will doch geliebt sein.
Ich will niemandem mit meiner Existenz gefährden;
also bleibe ich weiter allein.

Dort draußen ist niemand,
der meine Liebe annimmt.
Dort draußen ist niemand,
der mich liebt.

Meine Flügel sind kaputt; so wie meine Seele.
Von Rissen durchzogen und blutend wie eine durchgeschnittene Kehle.
Mein Inneres liegt in Asche und Schutt.
Ich bin völlig kaputt.

Zerbrochene Gläser

Wir haben es übertrieben.
Was wir übertrieben haben?
Einfach alles.
Ach, wärst du nur geblieben.
Vielleicht kämen dann nicht die silbernen Raben.

Ich wünschte, du wärst noch hier.
Dann wäre ich nicht so fürchterlich allein
und müsste auch nicht traurig sein.
Vielleicht ist es auch besser,
wenn ich hier einfach im Schnee erfrier'.

Ich weiß nicht, ob du mich schon vergessen hast.
Ich weiß nicht, ob du mich je gemocht hast.
Ich weiß nicht, wann der Tod mich erfasst.
Ich weiß nicht, ob ich habe meine Chance verpasst.
Ich weiß überhaupt nichts.

Ich war wie Gift für dich;
doch du warst die Heilung für mich.
Ich wollte dir nie weh tun.
Das alles tut mir so leid.
Zu schnell verging die Zeit.

Ich sehe bloß noch die Gläser,
die wir unbewusst zerbrochen haben.
Blind haben wir auf den Scherben getanzt.
Wir glaubten, unsere Zusammenkunft sei eine der drei Göttergaben.
Doch irgendwann haben wir uns verfranzt.

Anfangs empfanden wir keinerlei Reue für diese Dinge.
Es waren ja keine schlechten; nein, sie haben uns glücklich gemacht.
Für die anderen ist es fremd, wenn ich ein Trauerlied singe,
doch nicht für dich, denn wir haben viel Zeit mit Reden verbracht.
Ich wünschte, du wärst jetzt hier.

Ich dachte, ich würde dich nie wiedersehen;
doch dann sehe ich dich vor mir stehen.
Und ich weiß: Alles wird gut.

Blutige Socken

Der Boden war befleckt mit Blut.
Der Mord war geschehen
und nur einer hat es gesehen.
Man hatte ihm genommen seinen letzten Mut.

Seine Socken, die einst blütenrein,
werden es nie wieder sein,
denn sie sind getränkt von ihrem Blut,
denn sie hatte den Mut.

Er wollte ihr helfen, ihr Leben retten.
Doch die Poetin war längst tot.
Ihre Leiche lag noch in den eisernen Ketten,
und ihr Blut färbte den Boden rot.

Er sank mit Tränen in den Augen auf die Knie,
wiederkehren würde sie nie.
Er hielt sie in seinen Armen fest,
egal war ihm nun der Rest.

Ihre grünen Augen glänzten nicht.
Sie starrten in die Leere.
In ihnen fehlte das Licht,
das ihr einst brachte die Ehre.

Dieses furchtbare Schicksal lag wie ein Fluch auf ihnen.
Weinend drückte er ihren toten Körper an sich.
So zog das Leben seine endgültigen Linien.
Ihre Geschichte keiner anderen glich.

Ich kann dich sehen

Ich kann ihn sehen.
Deinen Schmerz.
Ich werde nicht gehen,
ehe geheilt ist dein Herz.

Ich kann sie sehen.
Deine Trauer.
Ich werde nicht gehen,
ehe ich eingerissen habe deine innere Mauer.

Ich kann sie sehen.
Deine Tränen.
Ich werde nicht gehen,
ehe du aufhörst sie zu erwähnen.

Ich kann sie sehen.
Deine Müdigkeit.
Ich werde nicht gehen,
ehe auch bei dir Freude gedeiht.

Ich kann sie sehen.
Deine Ohnmacht.
Ich werde nicht eher gehen,
ehe verschwindet die finsterste Nacht.

Ich kann sie sehen.
Deine Angst.
Ich werde nicht eher gehen,
ehe du nicht mehr um dein Leben bangst.

Ich kann dich sehen.
Mit all deinen Ecken, Kanten, Macken und Fehlern.
Und ich werde niemals gehen.

Ich kann dich hören

Ich kann sie hören.
Deine verzweifelten Schreie.
Ich kann dir schwören,
ich werde nicht ruhen, bis ich den Grund entzweie.

Ich kann es hören.
Dein Schluchzen wegen der Kraftlosigkeit.
Ich kann dir schwören,
ich werde nicht ruhen, bis ich zerschlagen habe dein Leid.

Ich kann es hören.
Dein Gemurmel der Paranoia.
Ich kann dir schwören,
ich werde nicht ruhen bis ich geheilt habe dein Trauma.

Ich kann sie hören.
Deine machtlosen Bitten.
Ich kann dir schwören,
ich werde nicht ruhen, bis ich kann ein Ende bereiten den Fehltritten.

Ich kann sie hören.
Deine angsterfüllten Rufe.
Ich kann dir schwören,
ich werde nicht ruhen, bis du weit weg bist von jener Stufe.

Ich kann es hören.
Dein hasserfülltes Gekreisch.
Ich kann dir schwören,
ich werde nicht ruhen, bis ich geschnitten habe in ihr Fleisch.

Ich kann dich hören.
Mit all deinen Emotionen, Fragen und Antworten.
Und ich werde dir die ewige Treue schwören.

Ich kann dich fühlen

Ich kann sie fühlen.
Deine zerschnittene Haut.
Ich werde nicht in deinen Erinnerungen wühlen,
doch ich werde bei dir sein, bis der Morgen graut.

Ich kann sie fühlen.
Deine zerbissenen Lippen.
Ich werde nicht in deinen Erinnerungen wühlen,
doch ich werde deinen Schändern mehr als nur brechen die Rippen.

Ich kann sie fühlen.
Deine dürren Finger.
Ich werde nicht in deinen Erinnerungen wühlen,
doch ich bleibe bei dir, bis dein Schmerz wird geringer.

Ich kann es fühlen.
Dein widerspenstiges Haar.
Ich werde nicht in deinen Erinnerungen wühlen,
doch es ist fast herum ein ganzes Jahr.

Ich kann sie fühlen.
Deine gepeinigten Ohren.
Ich werde nicht in deinen Erinnerungen wühlen.
Ich verspreche dir, dass sie schon bald in der Hölle schmoren.

Ich kann sie fühlen.
Deine furchtbaren Schmerzen.
Ich werde nicht in deinen Erinnerungen wühlen,
doch ich werde für uns anzünden ein paar Kerzen.

Ich kann dich fühlen.
Mit all deinem Schmerz, den Gefühlen und dem Leid.
Ich verspreche dir, ich werde nicht in deinen Gedanken wühlen.

Kapitel 12:

Die List des Unbeschreib- lichen

Es trügt dich gerne.
Du merkst es nicht, weil es unbeschreiblich ist.

Manchmal

Manchmal will ich leben
und Liebe vergeben.

Manchmal will ich schreien
und mir selbst verzeihen.

Manchmal will ich am Abgrund stehen
und noch ein paar Schritte weiter gehen.

Manchmal will ich fallen
und auf dem Grund aufprallen.

Manchmal will ich die Wahrheit gar nicht wissen
und mich einfach nur verpissen.

Manchmal will ich alles sagen
und alles hinterfragen.

Manchmal will ich alles beenden
und keine Zeit mehr verschwenden.

Manchmal will ich bloß schweigen
und meinen Kopf nicht neigen.

Manchmal will ich weinen
und entkommen den „Reinen".

Manchmal will ich lügen
und all die falschen Menschen betrügen.

Manchmal will ich sterben
und stürzen ins Verderben.

Manchmal will ich,
dass das nicht die bittere Wahrheit ist.

Tick tack, tick tack

Tick tack, tick tack.
Diese verdammte Uhr.
Tick tack, tick tack.
Sie verwischten ihre Spur.

Tick tack, tick tack.
Verdammt soll diese Uhr sein!
Tick tack, tick tack.
So konnte mich also trügen der Schein.

Tick tack, tick tack.
Sie tickt ununterbrochen.
Tick tack, tick tack.
Mir ist kalt bis auf die Knochen.

Tick tack, tick tack.
Unweigerlich rückt er näher.
Tick tack, tick tack.
Sie schickten ihre Späher.

Tick tack, tick tack.
Die Zeit läuft ab.
Tick tack, tick tack.
Es wird so knapp!

Tick tack, tick tack.
Der Zeiger steht.
Es war so knapp...
Das Leben geht.

Alte Zeiten

Vergilbte Seiten
Unendliche Weiten
Alte Geschichten
Die berühmt berüchtigten
Verlorene Zeit
Wissen gedeiht

Schriften verstaubt
Bücher Geraubt
Geschichten vergessen
Nichts angemessen
Leben: ein Grauen
Keine Meerjungfrauen
Keine Feen
Nur Kakteen
Keine Geister
Verdammter Scheibenkleister

Ich bin an einem Ort

Ich bin an einem Ort jenseits der Zeit.
Ich bin an einem Ort voller Dunkelheit.
Ich bin an einem Ort ohne Heiterkeit.
Ich bin an einem Ort voller Leid.

Ich bin an einem Ort, so kalt wie Eis.
Ich bin an einem Ort, so wie Feuer heiß.
Ich bin an einem Ort, wo die Erde ist so weich wie eine Feder.
Ich bin an einem Ort, wo die Erde ist so rau wie Leder.

Ich bin an einem Ort, wo das Atmen fällt schwer.
Ich bin an einem Ort, wo mein Kopf ist leer.
Ich bin an einem Ort, wo mein Körper fühlt sich an taub.
Ich bin an einem Ort, wo ich bin meiner Kontrolle beraubt.

Ich bin an einem Ort, wo keine Laute existieren.
Ich bin an einem Ort, wo ich nichts habe zu verlieren.
Ich bin an einem Ort, wo das Böses nach mir giert.
Ich bin an diesem Ort, der nur in meinem Kopf existiert.

Der verfluchte Rosengarten

Sie saß dort.
Im verfluchten und doch wunderschönen Rosengarten.
Sie würde nie wieder gehen fort;
sie musste dort abwarten.

Die Rosen blühten in den dunkelsten Farben,
die Dame sah sie mit verträumtem Blick an.
Ihre Seele hatte tiefe Narben,
der Rosengarten hatte sie gezogen in seinen Bann.

So schön der Garten von außen auch erschien,
er ließ einen nie mehr gehen.
Du musstest verschwinden, egal wie schön die Sonne auch schien,
sonst hättest du den Tod gesehen.

Doch die Dame mit dem blutroten Haar
hatte er in seiner Gewalt.
Sie war in großer Gefahr,
denn ihr Körper war schon eiskalt.

Die dunkelste Rose hatte die Dame verführt sie zu berühren,
die stach sich an den spitzen Dornen.
Das tödliche Gift würde ihr die Luft abschnüren,
sie würde auf ewig sein verloren.

Herz aus Holz

Sie hatte ein Herz aus Holz,
sie war so unglaublich stolz.
Ihr Haar schimmerte Gold,
die Schönheit war ihr lange Zeit hold.

Viele Menschen wollten so sein wie sie.
Doch diese erreichten das nie.
Denn sie hatten kein Herz aus Holz
und sie waren auch nicht allzu stolz.

Ihre Haut war vornehm bleich,
ihr Haar wunderbar weich.
Jeder bei ihrem Anblick dahinschmolz,
und doch hatte sie ein Herz aus Holz.

Viele zeigten ihr größte Bewunderungen,
so manches Lied wurde für sie gesungen.
Viele Männer umwarben sie,
doch auch diese erreichten ihr hölzernes Herz nie.

Wie sollte das mit ihrem Herz auch möglich sein?
So kann trügen der Schein.
Ein schöner Körper ersetzt keinen hässlichen Charakter.
Mit jedem Tag wurde ihr Leben abstrakter.

Mit jedem Tag der verstrich,
ihre Schönheit verblich.
Mit jedem Tag der ins Lande zog,
bei den anderen ihr Charakter immer mehr wog.

Doch ihr Charakter war scheußlich.
Das sahen nun auch die anderen, nachdem ihre Schönheit verblich.
Keine Bewunderung wurde ihr entgegengebracht, keine Lieder mehr gesungen;
über sie sprachen nur noch die bösen Zungen.

Die toten Soldaten

Sie zogen in den Krieg,
um ihre Heimat zu schützen.
Doch für sie gab es nie einen Sieg;
sie können sich nun spiegeln in den Blutpfützen.

Das Land ist zerstört.
Alles liegt in Trümmern.
Die Stimmen der Völker wurden nicht erhört,
doch wer sollte sich schon darum kümmern?

Jahrhunderte sind vergangen.
Alles ist wiederaufgebaut.
Jetzt muss niemand mehr um sein Leben bangen,
die Welt ist geworden Laut.

Weitere Jahrhunderte sind vergangen,
jetzt ist ihre Zeit gekommen.
Sie werden als tote Soldaten zurück in die Welt der Sterblichen gelangen,
denn sie sind dem Jenseits entkommen.

Sie werden für die Sicherheit der Menschen sorgen;
alles tun, um einen weiteren Krieg zu verhindern.
Doch sie bleiben für die meisten verborgen.
Meist werden sie gesehen von den Kindern.

Weil die Kinder noch Angst vor dem Krieg haben
und nicht — so wie die Erwachsenen — rücksichtslos sind.
Die Kinder möchten niemanden begraben.
Sie sehen die Gewalt; sie sind nicht blind!

Es tut niemandem weh

Es tut niemandem weh,
wenn ich jene Zeile schreibe.
Niemand wird verletzt,
wenn ich bei dem Tode bleibe.

Es tut niemandem weh,
wenn ich meine Gedanken in Worte fasse.
Niemand wird verletzt,
wenn ich meinen Gefühlen freien Lauf lasse.

Es tut niemandem weh,
wenn ich hier sitze und denke.
Niemand wird verletzt,
wenn ich meinen Blick auf das Papier senke.

Es tut niemandem weh,
wenn ich meine Gedanken schweifen lasse.
Niemand wird verletzt,
wenn ich mich mit schwierigen Dingen befasse.

Es tut niemandem weh,
wenn ich hier alleine sitze.
Niemand wird verletzt,
wenn ich meine Ohren spitze.

Es tut niemandem weh,
wenn ich Dinge hinterfrage.
Niemand wird verletzt,
wenn ich mich der Dummheit entsage.

Es tut niemandem weh,
wenn ich mir Gedanken mache.
Niemand wird verletzt,
wenn ich aus meinen Träumereien aufwache.

Es tut niemandem weh und niemand wird verletzt.

Der Wert

Was ist dieses Leben wert,
wenn wir es nicht leben?
Was ist dieses Leben wert,
wenn wir nichts bestreben?

Was sind diese Gefühle wert,
wenn sie unsere Sicht verklären?
Was sind diese Gefühle wert,
wenn sie uns nichts lehren?

Was sind diese Träume wert,
wenn wir sie nicht erfüllen?
Was sind diese Träume wert,
wenn wir sie nicht enthüllen?

Was sind diese Gedanken wert,
wenn wir sie nicht teilen?
Was sind diese Gedanken wert,
wenn sie nur verweilen?

Was sind diese Worte wert,
wenn sie nur gelogen sind?
Was sind diese Worte wert,
wenn wir sie verwenden so völlig blind?

Was sind diese Schmerzen wert,
wenn sie uns zu Unrecht erreichen?
Was sind diese Schmerzen wert,
wenn unsere Körper so schnell erbleichen?

Was ist dieses Handeln wert,
wenn es willkürlich geschieht?
Was ist dieses Handeln wert,
wenn jeder davor flieht?

Was sind diese Blicke wert,
wenn sie nichts aussagen?
Was sind diese Blicke wert,
wenn wir sie nicht hinterfragen?

Was sind diese Tränen wert,
wenn sie doch nicht echt sind?
Was sind diese Tränen wert,
wenn wir ihnen vertrauen blind?

Was ist dieses Wissen wert,
wenn wir es nicht benutzen?
Was ist dieses Wissen wert,
wenn es uns lässt stutzen?

Was ist diese Stille wert,
wenn sie uns erstickt?
Was ist diese Stille wert,
wenn sie uns nicht zusammenflickt?

Was ist dieses Vertrauen wert,
wenn es so schnell bricht?
Was ist dieses Vertrauen wert,
wenn es trübt unsere Sicht?

Was ist dieses Leben wert,
wenn wir es verschwenden?
Was ist dieses Leben wert,
wenn wir uns lassen blenden?

Ich will alleine sein

Ich will alleine sein.
Ich will alleine sein.
Ich will alleine sein.
Ich will es in die ganze Welt hinausschreien.
Ich will alleine sein.

Ich will keinen Trubel um mich herum.
Ich will keine Menschen, die mit mir über sinnlose Sachen sprechen.
Ich bin lieber stumm;
doch für manche ist mein Schweigen ein Verbrechen.

Sie wollen, dass ich mich immer und überall irgendwie einbringe.
Doch ich will das nicht.
Und immer mehr zieht sich zu meine Schlinge.
Das war sicher nicht von mir beabsichtigt.

Ich will doch nur alleine sein.
Ich will doch nur frei sein.
Mein Verlangen nach Freiheit ist auch nicht wirklich klein,
doch immer wieder wollen sie diesen Schein.

Dieser Schein ist so unecht.
Doch sie wollen es. Sie wollen den Schein der „perfekten Welt".
Doch von mir diesen Schein zu verlangen – dazu haben sie kein Recht.
Irgendwie warte ich immer noch darauf, dass mich irgendein Licht erhellt.

Ich will nicht in diesem Käfig der Gesellschaft sitzen.
Ich will frei sein wie der Vogel, der jeden Tag vor meinem Fenster sitzt und
singt.
Ich will nicht nur da sein und mein Leben verschwitzen.
Ich will, dass mein Leben mir etwas bringt.

Und trotzdem will ich alleine sein.
Ich will alleine sein.
Ich will es in die ganze Welt hinausschreien.
Ich will alleine sein.

NACHWORT

Es war schön dich zu sehen. Wie geht es dir jetzt? Wie haben sie dir gefallen, meine Worte? Ich hoffe, Du hast sie mit Vorsicht genossen und mit Sorgfalt und Bedacht behandelt. Möchtest Du mir antworten, mir etwas erzählen? Schreib mir doch eine E-Mail:
antanasia.argentum.autorin@web.de

Auf ein Neues.

DANKSAGUNG

Ich werde mich bei keinen einzelnen Personen bedanken. Die Gefahr, jemanden zu vergessen, ist zu hoch.

Danke an die Menschen, die mich im Guten begleitet haben – sei es für ein Leben oder nur für eine kurze Zeit.

Danke an die Menschen, die immer an mich geglaubt haben – sei es wegen einer Physikarbeit oder der Veröffentlichung eines Buches.

Danke an die Menschen, die mich immer unterstützt haben – sei es durch Mathenachhilfe oder das Korrekturlesen meiner Texte.

Danke an die Menschen, die mir nie ihre Liebe verwehrt haben – auch wenn ich nicht immer die beste Version von mir war.

Danke an die Menschen, die mir immer zugehört haben – auch wenn ich manchmal nur noch ein Nervenbündel war.

Danke an die Menschen, die ich an meiner Seite wissen darf – auch wenn das Leben immer Höhen und Tiefen für uns bereithält und sich stetig alles ändert.

Danke.